ABRÉGÉ

DE GRAMMAIRE FRANÇAISE,

POUR LE PREMIER AGE,

AVEC EXERCICES ÉLÉMENTAIRES,

Par G. BELÈZE,

ÉLÈVE DE L'ANCIENNE ÉCOLE NORMALE,

CHEF D'INSTITUTION A PARIS.

PARIS.

IMPRIMERIE ET LIBRAIRIE CLASSIQUES

DE JULES DELALAIN,

Imp.-Lib. et Successeur d'Auguste Delalain,

RUE DES MATHURINS St-JACQUES, N° 5, PRÈS LA SORBONNE.

PETIT COURS
D'ENSEIGNEMENT ÉLÉMENTAIRE.

ABRÉGÉ DE GRAMMAIRE.

ABRÉGÉ

DE LA GRAMMAIRE FRANÇAISE,

POUR LE PREMIER AGE,

AVEC EXERCICES ÉLÉMENTAIRES,

Par G. BELÈZE,

ÉLÈVE DE L'ANCIENNE ÉCOLE NORMALE,

CHEF D'INSTITUTION A PARIS.

PARIS.

IMPRIMERIE ET LIBRAIRIE CLASSIQUES

DE JULES DELALAIN,

Fils et Successeur d'Auguste Delalain,

RUE DES MATHURINS St-JACQUES, N° 5, PRÈS LA SORBONNE.

M DCCCXLIII.

AVANT-PROPOS.

Le titre de cet ouvrage indique déjà par lui-même dans quel but il a été composé. Nous avons voulu mettre à la portée des jeunes enfants les premiers principes de la Grammaire française. Nous n'avons pris de la science que les notions les plus simples, les plus élémentaires, et nous avons mis tous nos soins à les présenter d'une manière claire et facile à saisir. Tout s'enchaîne et se tient étroitement, et ce qui suit est toujours expliqué par ce qui précède. Il résulte de là que ce n'est jamais par de brusques transitions que les élèves passent d'un principe connu à un principe qu'ils ne connaissent pas encore.

Cet Abrégé de la grammaire française, quoique complet dans toutes ses parties, est uniquement consacré aux éléments du discours, aux diverses espèces de mots dont se compose notre langue. Tout ce que la syntaxe renferme de difficile soit dans la théorie, soit dans les applications, a été exclu de ce petit volume, destiné à de jeunes intelligences. Cependant nous avons donné les règles les plus importantes du participe passé ainsi que la conjugaison complète des verbes, sur laquelle on ne saurait trop exercer les enfants. Seulement on a rejeté à la fin du livre les verbes irréguliers et défectifs, que les élèves ne devront étudier que lorsqu'ils seront bien familiarisés avec la conjugaison régulière.

Pour rendre cet abrégé de grammaire aussi complet qu'il pouvait l'être, et lui donner un but d'utilité que n'ont pas la plupart des ouvrages de ce genre, nous l'avons fait suivre d'exercices élémentaires, réunissant ainsi dans un même volume tout ce qui était nécessaire et aux maîtres et aux élèves. Nous avons suivi pas à pas l'ordre de la grammaire, et ce n'est pas seulement chaque partie, mais chaque numéro, pour ainsi dire, qui a, suivant son importance, des exercices plus ou moins développés. Ils sont gradués de telle sorte que les élèves, en suivant avec exactitude l'ordre indiqué, passent successivement de ce qui est facile à ce qui est un peu plus difficile. Les mots qui renferment des fautes contre les règles de la grammaire sont écrits en *lettres italiques*.

Avant de faire apprendre par cœur aux élèves une leçon de grammaire, quelque courte et quelque facile qu'elle soit, il faut avoir le soin de la leur expliquer clairement, et s'assurer qu'ils la comprennent. Une leçon bien comprise est presque apprise. Puis l'exercice correspondant à la leçon, fait toujours avec régularité, viendra encore graver la règle dans la mémoire des enfants.

TABLE DES MATIÈRES.

Notions préliminaires. 1

Du nom. 5

Des différentes sortes de noms. *ibid.*

Du genre et du nombre dans les noms. *ibid.*

Formation du pluriel dans les noms. 6

De l'article. 8

Articles simples. 9

Articles composés ou contractés. *ibid.*

De l'adjectif. 10

Des différentes sortes d'adjectifs. *ibid.*

Du genre et du nombre dans les adjectifs. 11

Des adjectifs qualificatifs. *ibid.*

Formation du féminin dans les adjectifs qualificatifs. 12

Formation du pluriel dans les adjectifs qualificatifs. 13

Accord de l'adjectif qualificatif avec le nom. 14

Des adjectifs déterminatifs. 15

Des adjectifs numéraux. 16

Des adjectifs démonstratifs. 16

Des adjectifs possessifs. 17

Des adjectifs indéfinis. *ibid.*

Du pronom. 18

Des différentes sortes de pronoms. 19

Des pronoms personnels. *ib.*

Des pronoms possessifs. 20

Des pronoms démonstratifs. 21

Des pronoms relatifs. *ibid.*

Des pronoms indéfinis. 22

Du verbe. 23

Du sujet du verbe. *ibid.*

Du complément du verbe. *ib.*

Des modifications du verbe. 24

Des nombres. *ibid.*

Des personnes. *ibid.*

Des temps. 25

Des modes. 26

Formation des temps. 29

Des différentes sortes de verbes. 30

Conjugaison du verbe. 32

Accord du verbe avec son sujet. 34

Conjugaison des verbes. 36

Verbes auxiliaires. *ibid.*

Verbe auxiliaire *avoir*. *ib.*

TABLE DES MATIÈRES.

Verbe auxiliaire *être*. 38

VERBES ACTIFS. 40

1re conjugaison, en *er*. 41
2e conjugaison, en *ir*. 43
3^e conjugaison, en *oir*. 45
4^e conjugaison, en *re*. 47

VERBES PASSIFS. 49

VERBES NEUTRES. 51

Verbes neutres avec l'auxiliaire *avoir*. *ibid.*
Verbes neutres avec l'auxiliaire *être*. 53

VERBES PRONOMINAUX. 55

VERBES UNIPERSONNELS. 58

DES VERBES EN *cer*, *ger*, *cler* ou *eter*, *yer*. 59

DU PARTICIPE. 61
Du participe présent. *ibid.*
Du participe passé. 62
Accord du participe passé. *ibid.*

DE L'ADVERBE. 64

DE LA PRÉPOSITION. 65

DE LA CONJONCTION. 67

DE L'INTERJECTION. 68

DE L'ORTHOGRAPHE. 69
De l'orthographe d'usage. *ibid.*

De la distinction des genres. 70
De la désinence. *ibid.*
De la dérivation. 71
De la réduplication des consonnes. 73
Des majuscules. 74

DES SIGNES ORTHOGRAPHIQUES. 76

DE LA PONCTUATION. 79

DE LA PRONONCIATION. 81

DES VERBES IRRÉGULIERS OU DÉFECTIFS. 85

1re conjugaison. *ibid.*
2e conjugaison. 86
3e conjugaison. 89
4e conjugaison. 92

EXERCICES ÉLÉMENTAIRES. 101

— sur le nom. *ibid.*
— sur l'article. 105
— sur les adjectifs. 108
— sur les pronoms. 117
— sur les verbes. 119
— sur les participes. 133
— sur les adverbes. 139
— sur les prépositions. 140
— sur les conjonctions. 141
— sur les interjections. 142
Exercices généraux. 143

FIN DE LA TABLE

ABRÉGÉ

DE LA GRAMMAIRE FRANÇAISE.

CHAPITRE PREMIER.

NOTIONS PRÉLIMINAIRES.

1.—Pour désigner les objets et communiquer les idées qu'ils représentent, nous employons la *parole* ou l'*écriture*, qui se composent de *mots parlés* ou de *mots écrits*.

2.—Le *mot parlé* est un son ou un assemblage de sons rappelant une idée; le *mot écrit* est la représentation de ces sons par le moyen de signes qu'on appelle *lettres*.

3.—Chacun de ces sons forme une *syllabe* et est représenté par une ou plusieurs lettres. Ainsi un mot peut avoir une ou plusieurs syllabes, comme *pè-re*, qui en a deux, *vé-ri-té*, qui en a trois.

4.—Les *lettres* ou les *caractères* employés pour former les mots, et composant l'alphabet, sont au nombre de vingt-cinq; les voici : *a, b, c, d, e, f, g, h, i, j, k, l, m, n, o, p, q, r, s, t, u, v, x, y, z.*

5. — Les *voyelles* sont : *a* , *e* , *i* , *o* , *u* , *y*. Elles sont appelées *voyelles*, parce que seules elles forment un son.

6. — Les *consonnes* sont : *b* , *c* , *f* , *g* , *h* , *j* , *k* , *l* , *m* , *n* , *p* , *q* , *r* , *s* , *t* , *v* , *x* , *z*. Elles sont appelées *consonnes* (sonnant avec) , parce qu'elles ne peuvent former un son qu'avec le secours des voyelles.

7. — Les voyelles *a* , *e* , *i* , *o* , *u* , ont deux prononciations bien distinctes et que l'usage doit apprendre. Ainsi dans les mots *pâte, base, tête, côte, rose*, le son de ces voyelles est prolongé, tandis que le son de ces mêmes voyelles est bref dans les mots *patte*, *cette* , *site*, *butte*, etc.

Dans la plupart des mots où ces voyelles ont le son prolongé , elles sont surmontées d'un signe appelée *accent circonflexe* (ᴧ).

8. — L'*e* est appelé *muet*, c'est-à-dire que le son de cette lettre est à peine sensible, à la fin ou dans le corps de certains mots , comme *table*, *demande*, etc. Quelquefois même cet *e* est nul, c'est-à-dire qu'il ne se prononce pas , comme dans *enjouement*, *vallée*, etc.

L'*e* est appelé *fermé*, c'est-à-dire qu'on le prononce la bouche presque fermée, comme dans les mots *bonté*, *vérité*, etc.

L'*e* est appelé *ouvert*, c'est-à-dire qu'il se prononce en ouvrant davantage la bouche, dans certains mots, comme *succès*, *modèle*, etc

1.

Ainsi la lettre *e* subit plusieurs modifications, les mots *sévère* et *évêque* offrent ces modifications diverses.

La plupart des *e* dits fermés sont surmontés d'un signe appelé *accent aigu* (´); la plupart des *e* dits ouverts sont marqués de l'*accent grave* (`) ou de l'*accent circonflexe* (^).

9. — L'*y* s'emploie pour deux *i* entre deux voyelles ou après une voyelle : *voyage*, *pays*, etc.

L'*y* s'emploie pour un seul *i* entre deux consonnes, au commencement ou à la fin des mots : *style* , *yeux* , *dey.*, etc.

10. — La lettre *h* est dite *muette*, c'est-à-dire qu'elle est nulle pour la prononciation, dans les mots l'*homme*, l'*histoire* , etc.

La lettre *h* est dite *aspirée* dans les mots *le héros* , *la haine*, etc. ; elle empêche la liaison de la lettre finale du mot précédent avec la voyelle qui suit.

11. — On compte dix espèces de mots dans la langue française, ce sont : le *nom* , l'*article* , l'*adjectif*, le *pronom* , le *verbe* , le *participe*, l'*adverbe* , la *préposition*, la *conjonction* et l'*interjection*.

12. — Parmi ces mots on distingue ceux qui sont *variables* , c'est-à-dire qui reçoivent divers changements dans leur terminaison ; et ceux qui sont *invariables*, c'est-à-dire ceux dont la terminaison ne change jamais.

13. — Les mots *variables* sont : le NOM , l'AR-

TICLE, l'ADJECTIF, le PRONOM, le VERBE et le PARTICIPE.

Les mots *invariables* sont : l'ADVERBE, la PRÉPOSITION, la CONJONCTION et l'INTERJECTION.

14. — L'exposé des règles et des principes qui fixent l'emploi des mots d'une langue, forme ce qu'on appelle *une grammaire*.

La grammaire française est l'art de parler et d'écrire d'après les règles et les principes de la langue française.

Questionnaire.

Quels moyens avons-nous pour désigner les objets et communiquer nos idées ? — Qu'est-ce que le mot parlé ? —Qu'est-ce que le mot écrit ? —Qn'appelle-t-on syllabe ? — Peut-il y avoir plusieurs syllabes dans un mot ? — Combien y a-t-il de lettres ? —Quelles sont les voyelles ? — Pourquoi les appelle-t-on ainsi ? — Nommez les consonnes. — Pourquoi sont-elles ainsi appelées ? — Quelle remarque faites-vous sur la prononciation des voyelles *a, e, i, o, u* ? — Ces voyelles ne sont-elles pas quelquefois distinguées par un signe particulier ? — Qu'est-ce que l'*e* muet ? — Cet *e* n'est-il pas nul quelquefois ? — Qu'est-ce que l'*e* fermé ? — Qu'est-ce que l'*e* ouvert ? — De quel signe sont marqués la plupart des *e* fermés ? — De quel signe sont marqués la plupart des *e* ouverts ?—Dans quels cas l'*y* est-il employé pour deux *i* ou pour un seul *i* ?— Citez des exemples dans lesquels la lettre *h* est muette ou aspirée.—Combien y a-t-il d'espèces de mots ?—Nommez-les. — Qu'entendez-vous par mots variables? par mots invariables ? — Quels sont les mots variables ? — Quels sont les mots invariables ?

CHAPITRE II.

DU NOM.

15.—Le *nom*, appelé aussi *substantif*, est un mot qui désigne un être ou un objet qui existe, ou dont l'imagination suppose l'existence.

Les mots *Paul, Louis, arbre, maison*, sont des *noms*, parce qu'ils servent à nommer des personnes ou des objets.

DES DIFFÉRENTES ESPÈCES DE NOMS.

16.—Il y a deux sortes de noms : les noms *propres* et les noms *communs*.

17.—Les noms *propres* ou *individuels* sont ceux qui ne conviennent qu'à une seule personne ou à un seul objet : *Henri, France*.

18.—Les noms *communs* sont ceux qui conviennent à toutes les personnes ou à tous les objets de la même espèce : *homme, arbre*.

DU GENRE ET DU NOMBRE DANS LES NOMS.

19.—On distingue dans les noms deux propriétés, qui sont : le *genre* et le *nombre*.

20.—Le *genre* est la propriété qu'ont les noms de désigner les êtres mâles ou femelles. Il y a donc deux genres, le *masculin* et le *féminin*.

C'est par analogie, et souvent aussi sans motif réel, qu'on a donné le genre masculin ou le genre féminin à des noms d'objets qui ne sont ni mâles ni femelles.

21.—Le *masculin* désigne les êtres mâles ou les objets regardés comme tels : *homme, lion, livre, honneur.*

22.—Le *féminin* désigne les êtres femelles ou les objets regardés comme tels : *femme, lionne, table, vertu.*

23.—Le *nombre* est la propriété qu'ont les noms de marquer l'unité ou la pluralité. Il y a donc deux nombres, le *singulier* et le *pluriel.*

24.—Le *singulier* désigne un seul être, un seul objet : *un homme, une femme, un livre, une fleur.*

25.—Le *pluriel* désigne plusieurs êtres, plusieurs objets : *des hommes, des femmes, des livres, des fleurs.*

FORMATION DU PLURIEL DANS LES NOMS.

26. — RÈGLE GÉNÉRALE. Pour former le pluriel des noms masculins ou féminins, on ajoute un *s* au singulier : *un homme,* des *hommes;* une *ville,* des *villes;* la *vertu,* les *vertus.*

27. —EXCEPTIONS. 1° Les noms terminés par *s, x, z,* s'écrivent au pluriel comme au singulier : un *fils,* des *fils;* une *voix,* des *voix;* un *nez,* des *nez.*

2° Les noms terminés au singulier par *eau* et par *au* font leur pluriel par l'addition d'un *x :* l'*eau,* des *eaux;* un *bateau,* des *bateaux;* un *tableau,* des *tableaux :* un *tuyau,* des *tuyaux.*

3° Les noms terminés au singulier par *eu*, font aussi leur pluriel par l'addition d'un *x* : un *jeu*, des *jeux*; un *vœu*, des *vœux*.

4° La plupart des noms terminés au singulier par *ou*, prennent un *s* au pluriel : un *clou*, des *clous* ; un *verrou*, des *verrous*; un *trou*, des *trous*.

Excepté *chou, caillou, genou, hibou, bijou, joujou*, qui s'écrivent au pluriel avec un *x*.

5° La plupart des noms terminés au singulier par *al*, font leur pluriel par le changement de *al* en *aux* : un *cheval*, des *chevaux*; un *hôpital*, des *hôpitaux* ; le *mal*, des *maux* ; un *tribunal*, des *tribunaux* ; un *local*, des *locaux*.

Excepté *bal, carnaval, régal*, qui font leur pluriel par l'addition d'un *s*.

6° La plupart des noms terminés au singulier par *ail*, prennent un *s* au pluriel : un *portail*, des *portails*; un *gouvernail*, des *gouvernails*; le *détail*, les *détails*.

Excepté *travail, bail, corail, émail, soupirail*, qui changent au pluriel cette terminaison en *aux* : *travaux, baux, coraux, émaux, soupiraux*.

7° Certains noms ont deux formes au pluriel. — *Aïeul* fait *aïeuls* dans le sens de grand-père paternel ou maternel, et *aïeux* dans le sens d'ancêtres. — *Ciel* fait *cieux* au pluriel, dans le sens le plus général; on dit aussi *ciels* dans le sens de *ciels de tableau*. — *Œil* fait au pluriel *yeux*, dans le sens de l'organe de la vue ; on dit aussi *œils*, dans le sens de *œils de bœuf*, terme d'architecture.

Questionnaire.

Qu'est-ce que le nom ?—Donnez des exemples de noms. — Combien y a-t-il de sortes de noms ? — Citez des noms propres. — Pourquoi les appelle-t-on ainsi ? — Citez des noms communs. — Pourquoi sont-ils ainsi nommés ? — Quelles sont les propriétés des noms ? — Qu'est-ce que le genre ? — Combien y a-t-il de genres ? — Que désigne le masculin ? — Que désigne le féminin ? — Qu'est-ce que le nombre ? — Combien y a-t-il de nombres ?—Que désigne le singulier ? — Que désigne le pluriel ? — Quelle est la règle générale pour la formation du pluriel dans les noms ? — Quel est le pluriel des noms terminés par *s*, *x*, *z* ? — Le pluriel des noms terminés par *au* et par *eau* ?—Quel est le pluriel des noms terminés par *eu* ?—Le pluriel des noms terminés par *ou* ? — Nommez plusieurs noms terminés en *ou*, qui prennent un *x* au pluriel. — Quel est le pluriel des noms terminés en *al* ?—Comment se forme le pluriel des noms terminés en *ail* ? — Y a-t-il des exceptions ? — Quelles remarques faites-vous sur le pluriel des noms *aïeul*, *ciel* et *œil* ?

CHAPITRE III.

DE L'ARTICLE.

28. — *L'article* est un mot qui se met avant les noms communs, pour annoncer qu'ils sont pris dans un sens déterminé, c'est-à-dire pour désigner un genre ou une espèce.

Dans ces exemples : LE *père*, LA *mère*, LES *fleurs*, les mots *le*, *la*, *les*, sont des *articles*, parce qu'ils servent à annoncer que les noms *père*, *mère*, *fleurs*, sont pris dans un sens déterminé.

29. — Les articles sont *le*, *la*, *les*, qu'on appelle *articles simples*, et *du*, *des*, *au*, *aux*, qu'on appelle *articles composés* ou *contractés*.

ARTICLES SIMPLES.

30. — L'article *le* s'emploie devant un nom masculin singulier : LE *prince*, LE *livre*.—L'article *la* s'emploie devant un nom féminin singulier : LA *reine*, LA *fleur*. — L'article *les* s'emploie devant les noms masculins et féminins pluriels : LES *rois*, LES *reines*.

Lorsque les articles *le* et *la* se trouvent devant des noms commençant par une voyelle ou par un *h* muet, les lettres *e* et *a* sont retranchées de *le* et *la* et remplacées par une apostrophe (') ; ainsi on dit : L'*ami* pour LE *ami* ; L'*homme* pour LE *homme*. Cette suppression des lettres *e* et *a* se nomme *élision*.

ARTICLES COMPOSÉS OU CONTRACTÉS.

31.—L'article *au*, qui est une contraction de *à le*, et l'article *du*, qui est une contraction de *de le*, se placent devant les noms masculins singuliers commençant par une consonne ou par un *h* aspiré : AU *roi*, DU *roi* ; AU *héros*, DU *héros*.

La *contraction*, c'est-à-dire la réunion de deux syllabes en une seule, n'a pas lieu devant les noms commençant par une voyelle ou par un *h* muet : ainsi on dit : DE L'*enfant*, A L'*enfant*.

32. — L'article *aux* qui est une contraction de *à les*, et l'article *des*, qui est une contraction de *de les*, servent pour les deux genres au pluriel : AUX *rois*, AUX *reines*, DES *rois*, DES *reines*.

Questionnaire.

Qu'est-ce que l'article ? — Quels sont les articles simples ? — Quels sont les articles composés ? — Devant quels noms s'emploie l'article *le* ? l'article *la* ? l'article *les* ? — Dans quel cas les lettres *e* et *a* sont-elles retranchées des articles *le* et *la* ? — Comment s'appelle ce retranchement ? — De quoi sont composés les articles *au* et *du* ? — Devant quels noms se placent ces deux articles ? — Devant quels mots la contraction n'a-t-elle pas lieu ? — De quoi sont composés les articles *aux* et *des* ? — Devant quels mots se placent-ils ?

CHAPITRE IV.

DE L'ADJECTIF.

33. — L'*adjectif* est un mot qui s'ajoute au nom pour en modifier la signification.

Dans ces exemples : BON *père*, GRAND *jardin*, CET *homme*, MA *maison*, les mots *bon*, *grand*, *cet*, *ma*, qui modifient la signification des mots auxquels ils sont joints, sont des *adjectifs*.

DES DIFFÉRENTES ESPÈCES D'ADJECTIFS.

34. — On distingue deux sortes d'adjectifs : les *adjectifs qualificatifs* et les *adjectifs déterminatifs*.

35.—Les *adjectifs qualificatifs* désignent les qualités ou manières d'être des noms ; tels sont *bon, grand, beau, heureux.*

36. — Les *adjectifs déterminatifs* servent à déterminer la signification des noms par une idée qu'ils y ajoutent, tels que *premier, deux, ce, ces, mon, votre,* etc.

DU GENRE ET DU NOMBRE DANS LES ADJECTIFS.

37. — Les adjectifs n'ont pas de genre par eux-mêmes ; mais ils prennent celui du nom qu'ils modifient, soit en le qualifiant, soit en le déterminant : *Dieu puissant, mère heureuse, cette fleur, mon ami.*

38. — Les adjectifs n'ont pas de nombre par eux-mêmes ; mais ils prennent celui du nom qu'ils modifient, soit en le qualifiant, soit en le déterminant : *enfants sages, femmes pieuses, ces fleurs, mes amis.*

DES ADJECTIFS QUALIFICATIFS.

39. — Les adjectifs qualificatifs exprimant la qualité des noms, peuvent qualifier à divers degrés, ou absolument, ou avec comparaison ; ce qui établit plusieurs degrés de signification ou de qualification.

40. — Il y a dans les adjectifs qualificatifs trois degrés de signification ou de qualification : le *positif,* le *comparatif* et le *superlatif.*

41. — Les adjectifs qui s'emploient pour énoncer simplement la qualité du nom, sont

du degré de signification que l'on nomme *positif : il est savant et modeste.* Le positif est l'adjectif dans sa simple signification.

42. — Les adjectifs qui expriment les qualités du nom avec comparaison, sont du degré de signification que l'on nomme *comparatif : les nuits sont aussi longues que les jours ; la France est plus grande que la Suisse ; il est moins savant que lui.*

43. — Les adjectifs qui expriment les qualités des noms, portées au suprême degré, soit en plus, soit en moins, sont du degré de signification nommé *superlatif : cet enfant est très-laborieux ; le lion est le plus courageux des animaux ; Paul est le moins sage.*

FORMATION DU FÉMININ DANS LES ADJECTIFS QUALIFICATIFS.

44. — RÈGLE GÉNÉRALE. Les adjectifs qui ne sont pas terminés au masculin par un *e* muet, en prennent un pour former leur féminin : *petit, petite ; grand, grande ; poli, polie ; mauvais, mauvaise ; inférieur, inférieure ; meilleur, meilleure ; léger, légère,* etc.

45. — EXCEPTIONS. 1° Les adjectifs terminés au masculin par un *e* muet, ne changent pas de terminaison au féminin : *rouge, célèbre, large, aimable, fidèle,* etc.

2° Plusieurs adjectifs terminés au masculin par *f* et par *x,* changent, les premiers, *f* en *ve,* et les seconds, *x* en *se,* pour former leur féminin : *naïf, naïve*; *neuf, neuve*; *bref, brève*; *heureux, heureuse*; *jaloux, jalouse*; *honteux, honteuse*, etc.

Excepté *doux, faux, roux, vieux*, qui font *douce, fausse, rousse, vieille*.

3° Beaucoup d'adjectifs qui sont terminés au masculin par une consonne, doublent cette consonne avec l'addition d'un *e* muet, pour former leur féminin : *tel, telle*; *pareil, pareille*; *ancien, ancienne*; *bon, bonne*; *chrétien, chrétienne*; *bas, basse*; *épais, épaisse*; *gros, grosse*; *muet, muette*; *net, nette*.

Excepté *complet, discret, inquiet, secret*, qui font *complète, discrète, inquiète, secrète*.

A la même règle se rattachent les adjectifs *beau, nouveau, fou, mou*, dont les féminins *belle, nouvelle, folle, molle*, sont formés des masculins *bel, nouvel, fol, mol*, qu'on emploie devant une voyelle ou un *h* muet.

4° Il y a des adjectifs dont le féminin irrégulier n'est soumis à aucune des règles précédentes : *frais, fraîche*; *franc, franche*; *blanc, blanche*; *sec, sèche*; *long, longue*; *public, publique*; *turc, turque*; *grec, grecque*; *malin, maligne*; *maître, maîtresse*; *traître, traîtresse*; *favori, favorite*, etc.

FORMATION DU PLURIEL DANS LES ADJECTIFS QUALIFICATIFS

46. — RÈGLE GÉNÉRALE. Les adjectifs forment leur pluriel par l'addition d'un *s*, soit au masculin, soit au féminin : *éternel, éternels; éternelle, éternelles; savant, savants; savante, savantes; protecteur, protecteurs; protectrice, protectrices*, etc.

47. — EXCEPTIONS. 1° Les adjectifs terminés par un *s* ou par un *x*, s'écrivent au pluriel masculin comme au singulier : *un mur épais, des murs épais; un homme heureux, des hommes heureux*, etc.

2° Quelques adjectifs terminés en *eau*, qui sont *beau, nouveau, jumeau*, forment leur pluriel au masculin en ajoutant un *x : beaux, nouveaux, jumeaux*.

3° La plupart des adjectifs, terminés en *al*, forment leur pluriel au masculin en changeant cette terminaison en *aux : égal, égaux; moral, moraux; national, nationaux; libéral, libéraux; loyal, loyaux*.

ACCORD DE L'ADJECTIF QUALIFICATIF AVEC LE NOM.

48. — L'adjectif qualificatif s'accorde en genre et en nombre avec le nom auquel il se rapporte : *une vie sobre, modérée et laborieuse*.

49. — L'adjectif se rapportant à deux ou plusieurs noms au singulier, se met au pluriel : il prend le genre masculin, si les noms sont masculins, le féminin, si les noms sont féminins; si les noms sont de différents genres, l'adjectif prend ordinairement le masculin

mon père et mon frère sont contents ; le roi et la reine sont bons.

Questionnaire.

Qu'est-ce que l'adjectif? — Combien y a-t-il de sortes d'adjectifs? — Que désignent les adjectifs qualificatifs ? — A quoi servent les adjectifs déterminatifs? — Les adjectifs ont-ils un genre et un nombre par eux-mêmes? — Quel genre et quel nombre prennent-ils? — Les adjectifs qualificatifs ne peuvent-ils pas qualifier à divers degrés? — Combien y a-t-il de degrés de signification? — Dans quel cas les adjectifs sont-ils du degré de signification appelé positif? — Quels sont les adjectifs appartenant au degré de signification appelé comparatif? — Qu'est-ce que le superlatif? — Quelle est la règle générale pour la formation du féminin dans les adjectifs qualificatifs?— Quel est le féminin des adjectifs terminés par un *e* muet? des adjectifs terminés en *f* et en *x*? d'un certain nombre d'adjectifs terminés par une consonne? — Citez quelques exceptions. — Donnez le féminin de quelques adjectifs irréguliers. —Comment se forme le pluriel dans la plupart des adjectifs qualificatifs? — Dans les adjectifs terminés par *s* ou par *x*? dans les adjectifs terminés en *eau*? dans les adjectifs terminés en *al*? — Donnez les règles d'accord pour l'adjectif qualificatif.

CHAPITRE V.

SUITE DE L'ADJECTIF.

DES ADJECTIFS DÉTERMINATIFS.

50. — Les adjectifs déterminatifs peuvent modifier les noms de diverses manières, par une idée d'ordre, une idée d'indication, une idée de possession, etc.; de là plusieurs sortes d'adjectifs déterminatifs.

51. — On compte quatre sortes d'adjectifs déterminatifs : les *adjectifs numéraux;* les *adjectifs démonstratifs;* les *adjectifs possessifs;* les *adjectifs indéfinis.*

DES ADJECTIFS NUMÉRAUX.

52. — Les *adjectifs numéraux*, appelés aussi *noms de nombre*, modifient le nom en y ajoutant une idée de nombre ou d'ordre.

53. — Il y a deux sortes d'adjectifs numéraux : les *cardinaux* et les *ordinaux.*

54. — Les adjectifs numéraux cardinaux s'emploient pour exprimer le nombre : *un, deux, trois, quatre, dix, vingt, cent, mille,* etc.

55.—Les adjectifs numéraux ordinaux marquent le rang, l'ordre : *premier, deuxième, troisième, quatrième, dixième, vingtième, centième, millième,* etc.

DES ADJECTIFS DÉMONSTRATIFS.

56. — Les *adjectifs démonstratifs* modifient le nom en montrant pour ainsi dire les objets: *ce, cet, cette, ces.*

57. — *Ce* s'emploie devant les noms masculins commençant par une consonne ou un *h* aspiré : CE *livre*, CE *héros.*

Cet s'emploie devant les noms masculins commençant par une voyelle ou un *h* muet : CET *enfant*, CET *homme.*

Cette s'emploie devant tous les noms féminins singuliers : CETTE *amitié*, CETTE *table.*

Ces s'emploie devant tous les noms pluriels, soit masculins, soit féminins : CES *tableaux*, CES *fleurs*.

DES ADJECTIFS POSSESSIFS.

58. — Les *adjectifs possessifs* modifient le nom, en y ajoutant une idée de possession, d'appartenance : *mon, ton, son, notre, votre, leur*, etc.

59. — *Mon, ton, son* s'emploient devant tous les noms masculins singuliers : MON *livre*, TON *habit*, SON *tableau; ma, ta, sa*, devant les noms féminins singuliers commençant par une consonne : MA *maison*, TA *chambre*, SA *table*.

Au lieu de *ma, ta, sa*, on emploie *mon, ton, son* devant les noms féminins singuliers commençant par une voyelle ou un *h* muet : MON *âme*, TON *histoire*, SON *orange*.

Notre, votre, leur s'emploient pour désigner un objet singulier des deux genres, possédé par deux ou plusieurs personnes : NOTRE *père*, VOTRE *mère*, LEUR *ami*.

Mes, tes, ses, nos, vos, leurs s'emploient devant tous les noms pluriels, soit masculins, soit féminins : MES *frères*, TES *cousins*, SES *sœurs*, NOS *amis*, VOS *parents*, LEURS *affaires*.

DES ADJECTIFS INDÉFINIS.

60. — Les *adjectifs indéfinis* modifient le nom en y ajoutant une idée de généralité, une idée vague et indéterminée.

61. — Les principaux adjectifs indéfinis sont :

un, chaque, nul, aucun, même, tout, quelque, tel, quiconque.

Un, nul, aucun, tout, tel, font au féminin *une, nulle, aucune, toute, telle. Nul* et *tel* forment leur pluriel par l'addition d'un *s; tout* fait au pluriel *tous.*

Questionnaire.

Qu'est-ce que les adjectifs déterminatifs? — Combien y a-t-il de sortes d'adjectifs déterminatifs? — Nommez-les. — Comment les adjectifs numéraux modifient-ils le nom? — Combien y a-t-il de sortes d'adjectifs numéraux? — Qu'expriment les adjectifs numéraux cardinaux? — Qu'expriment les adjectifs numéraux ordinaux? — Comment les adjectifs démonstratifs modifient-ils le nom? — Devant quels noms s'emploient les adjectifs démonstratifs *ce, cet, cette, ces?* — De quelle manière les adjectifs possessifs modifient-ils le nom? — Devant quels noms s'emploient les adjectifs *mon, ton, son; ma, ta, sa; notre, votre, leur; mes, tes, ses; nos, vos, leurs?* — Dans quel cas emploie-t-on *mon, ton, son* devant les noms féminins? — De quelle manière les adjectifs indéfinis modifient-ils le nom? — Quels sont les principaux adjectifs indéfinis? — Quels sont ceux qui ont un féminin ou un pluriel?

CHAPITRE VI.

DU PRONOM.

62. — Les *pronoms* sont des mots qui tiennent la place des noms.

Dans cette phrase : *aimons Dieu; si nous LE prions avec ferveur, IL nous accordera les grâces que nous LUI demandons;* les mots *le, il, lui,* qui tiennent la place du mot *Dieu,* sont des *pronoms.*

63. — Les pronoms sont toujours du même genre, du même nombre et de la même personne que les noms dont ils rappellent l'idée : *Dieu est juste; IL nous récompensera selon nos œuvres. Vos sœurs sont fort studieuses; ELLES ont reçu des éloges.*

DES DIFFÉRENTES ESPÈCES DE PRONOMS.

64. — On distingue cinq sortes de pronoms : les *pronoms personnels ;* les *pronoms possessifs;* les *pronoms démonstratifs ;* les *pronoms relatifs;* les *pronoms indéfinis.*

DES PRONOMS PERSONNELS.

65. — La fonction des *pronoms personnels*, est de désigner le rôle que chaque personne ou chaque chose joue dans le discours. Ce rôle est appelé *personne*, d'un mot latin qui signifie *rôle, personnage.*

66. — Il y a trois personnes : la première est celle qui parle : *JE lis*, *NOUS lisons;* la seconde est celle à qui l'on parle : *TU lis*, *VOUS lisez;* la troisième est celle de qui l'on parle : *IL* ou *ELLE lit*, *ILS* ou *ELLES lisent.*

67. — Les pronoms personnels de la première personne sont : *je, moi, me*, pour le singulier, et *nous* pour le pluriel, dans les deux genres.

Les pronoms personnels de la seconde personne sont *tu, toi, te*, pour le singulier, et *vous*, pour le pluriel dans les deux genres.

Les pronoms personnels de la troisième personne sont : *il*, *lui*, *elle*, *le*, *la*, pour le singulier masculin et féminin ; *ils*, *elles*, *les*, pour le pluriel masculin et féminin ; *soi*, pour le singulier des deux genres ; *se*, pour les deux nombres et les deux genres ; *leur*, pour le pluriel des deux genres.

68. — Les pronoms *le*, *la*, *les*, suivent ou précèdent toujours un verbe : *je LE vois; voyez-LES*. Il ne faut pas les confondre avec *le*, *la*, *les*, articles.

DES PRONOMS POSSESSIFS.

69. — Les *pronoms possessifs* marquent la possession des personnes ou des choses qu'ils représentent : *le mien*, *le tien*, *le sien*, *le nôtre*, *le vôtre*, *le leur*, etc.

70. — Quand les pronoms possessifs n'ont rapport qu'à une seule personne, ils font, à la première personne du singulier, *le mien*, masculin, et *la mienne*, féminin, et au pluriel, *les miens*, masculin, *les miennes*, féminin ; à la seconde personne du singulier, *le tien*, masculin, et *la tienne*, féminin, et au pluriel, *les tiens*, masculin, et *les tiennes*, féminin ; à la troisième personne du singulier, *le sien*, masculin, et *la sienne*, féminin, et au pluriel, *les siens*, masculin, et *les siennes*, féminin.

Quand ils ont rapport à plusieurs personnes, ils font, à la première personne, *le nôtre*, *la nôtre*, *les nôtres*; à la seconde personne, *le* vôtre, *la vôtre, les vôtres;* à la troisième personne, *le leur, la leur, les leurs.*

DES PRONOMS DÉMONSTRATIFS.

71. — Les *pronoms démonstratifs* servent à montrer, à indiquer les personnes ou les choses qu'ils représentent : *ce, celui, celui-ci, celui-là, ceux, ceux-ci, ceux-là, ceci, cela,* etc.

72. — *Ce* s'emploie devant le pluriel et le singulier, devant le masculin et le féminin : CE *dont je parle;* CE *sont eux;* CE *sont elles.*

Celui, celui-ci, celui-là s'emploient pour désigner un singulier masculin, et *celle, celle-ci, celle-là,* un singulier féminin.

Ceux, ceux-ci, ceux-là s'emploient pour désigner un pluriel masculin, et *celles, celles-ci, celles-là,* un pluriel féminin.

Tous ces pronoms marquent la troisième personne.

DES PRONOMS RELATIFS.

73. — La fonction des *pronoms relatifs* est de rappeler l'idée des personnes ou des choses dont on a déjà parlé : *celui* QUI *est venu; l'ami* QUE *vous avez; les livres* DONT *je me sers.*

74. — Les principaux pronoms relatifs sont : *qui, que, quoi, lequel, dont, où.*

Parmi ces pronoms, les uns sont invariables : *qui, que, quoi, dont, où;* les autres sont variables : *lequel, laquelle; lesquels, lesquelles.*

DES PRONOMS INDÉFINIS.

75. — La fonction des *pronoms indéfinis* est de désigner les personnes et les choses d'une manière vague ou indéterminée.

76. — Les principaux pronoms indéfinis sont : *on, quiconque, quelqu'un, chacun, autrui, personne, l'un l'autre, l'une et l'autre, tel, tout.*

Plusieurs de ces pronoms ont un féminin et un pluriel : *quelqu'un, quelqu'une, quelques-uns, quelques-unes ; chacun, chacune ; l'un l'autre, les unes les autres ; l'une et l'autre, les uns et les autres.*

Questionnaire.

Qu'est-ce que les pronoms ? — De quel genre , de quel nombre et de quelle personne sont les pronoms ? — Combien y a-t-il de sortes de pronoms ? — Quelle est la fonction des pronoms personnels ?— Combien y a-t-il de personnes ? — Quelle est la première ? la seconde ? la troisième ? —Nommez les pronoms personnels de la première personne ; ceux de la seconde ; ceux de la troisième. —Quelle différence y a-t-il entre les pronoms *le, la, les,* et les articles *le, la, les ?* — Que marquent les pronoms possessifs ? — Prennent-ils le genre et le nombre ?—Quels sont les pronoms possessifs de la première personne ; ceux de la seconde ; ceux de la troisième? — Que marquent les pronoms démonstratifs? — Où s'emploie le pronom *ce ?* —Que désignent *celui, celui-ci? celle, celle-ci? ceux, ceux-ci? celles, celles-ci?* — Quelle personne désignent les pronoms démonstratifs ? — Quelle est la fonction des pronoms relatifs? — Quels sont les principaux ? — Que marquent les pronoms indéfinis? — Quels sont-ils ?

CHAPITRE VII.

DU VERBE.

77. — Le *verbe* est un mot qui s'emploie pour affirmer l'existence ou l'état, la possession et l'action des personnes et des choses.

Dans ces exemples : *Paul* EST *aimable ; vous* AVEZ *du mérite ; il* DORT *; nous* COURONS *;* les mots *est*, *avez*, *dort*, *courons*, sont des *verbes*.

DU SUJET DU VERBE.

78. — La fonction du verbe est, comme on l'a dit, de signifier l'affirmation : le mot désignant la personne ou la chose qui est l'objet de cette affirmation, s'appelle le *sujet du verbe*. Dans ces phrases : *je prie*, *je* est le sujet ; *Dieu est bon*, *Dieu* est le sujet.

79. — On trouve le sujet en mettant *qui est-ce qui ?* ou *qu'est-ce qui ?* devant le verbe. La réponse à cette question indique le sujet. *Dieu est bon.* Qui est-ce qui est bon ? — Dieu.

80. — Le sujet du verbe est presque toujours exprimé par un nom ou par un pronom.

DU COMPLÉMENT DU VERBE.

81. — On appelle *complément du verbe* le mot ou les mots qui en complètent la signification.

82. — Il y a deux sortes de compléments, le *complément direct* et le *complément indirect*.

83. — Le complément direct répond à la question *qui* pour les personnes, et *quoi* pour les choses ; il se joint au verbe sans préposition : *J'aime Dieu ; la religion élève l'âme.* — J'aime qui ? — Dieu. — La religion élève quoi ? — l'âme.

84. — Le complément indirect répond aux questions *à qui, de qui, pour qui,* pour les personnes ; *à quoi, de quoi, pour quoi,* pour les choses ; il se joint au verbe par une préposition : *Faites l'aumône au pauvre ; l'étude mène à l'instruction.* — Faites l'aumône à qui ? — au pauvre. — L'étude mène à quoi ? — à l'instruction.

DES MODIFICATIONS DU VERBE.

85. — Le verbe éprouve divers changements de formes ou de terminaisons. Ces changements ou modifications sont au nombre de quatre : les *nombres*, les *personnes*, les *temps* et les *modes*.

DES NOMBRES.

86. — On distingue dans un verbe les nombres, c'est-à-dire le singulier, quand il s'agit d'une seule personne ou d'une seule chose, comme : *il lit* ; et le pluriel, quand il s'agit de plusieurs personnes ou de plusieurs choses, comme : *ils lisent.*

DES PERSONNES.

87. — On dit qu'un verbe est à la première personne, quand c'est la personne qui parle qui fait l'action, comme : *je lis, nous lisons* ; il est à la seconde personne, quand c'est la

personne à qui l'on parle qui fait l'action, comme : *tu lis, vous lisez;* enfin, il est à la troisième personne, quand c'est celle de qui l'on parle qui fait l'action, comme : *il* ou *elle lit, ils* ou *elles lisent.*

DES TEMPS.

88. — Les *temps* sont diverses formes servant à indiquer les circonstances de temps ou de durée.

89. — Le temps ou la durée ne peut se diviser qu'en trois parties, qui sont : l'instant de la parole, celui qui le précède et celui qui le suit. Ainsi il y a trois temps généraux : le *présent*, le *passé*, le *futur.*

Dans ces exemples : *je donne, je donnai, je donnerai*, le mot *donne* exprime le moment où la chose se fait, ou le *présent;* le mot *donnai* exprime que la chose s'est faite, ou le *passé;* le mot *donnerai* exprime que la chose se fera, ou le *futur.*

Le *présent* n'admet qu'un temps, parce que le présent est un point indivisible; dès qu'une action est terminée, elle appartient tout entière au *passé;* et si elle n'a pas encore commencé d'être, elle appartient au *futur.* Aussi les verbes n'ont qu'une seule forme pour exprimer le *présent;* mais le *passé* et le *futur* peuvent s'exprimer avec différentes nuances.

On compte huit temps pour les trois époques : le *présent*, l'*imparfait*, le *passé défini*, le *passé indéfini*, le *passé antérieur*, le *plus-que-parfait*, le *futur* et le *futur antérieur*.

90. — Les temps se divisent en temps *simples* et en temps *composés*.

Les temps *simples* sont ceux qui sont exprimés en un seul mot, comme : *j'aime, je recevais, je rendis*.

Les temps *composés* sont ceux qui sont formés d'un des temps du verbe *être* ou du verbe *avoir* et d'un participe passé, comme : *j'ai aimé, j'avais reçu, il sera parti*.

DES MODES.

91. — Les *modes* sont diverses formes que prennent les verbes pour exprimer de différentes manières l'idée qu'ils représentent.

On compte cinq modes, qui sont : l'*indicatif*, le *conditionnel*, l'*impératif*, le *subjonctif* et l'*infinitif*.

92. — Le *mode indicatif* indique ou exprime d'une manière directe, positive et indépendante de tout autre mot, l'action ou plus généralement l'idée du verbe : *J'AIME Dieu, J'AI REMPLI mes devoirs*.

Ce mode a huit temps : le présent, *je lis;* l'imparfait, *je lisais;* le parfait ou passé défini, *je lus;* le parfait ou passé indéfini, *j'ai lu;* le parfait ou passé antérieur, *j'eus lu;* le plus-que-parfait, *j'avais lu;* le futur simple, *je lirai;* le futur antérieur, *j'aurai lu*.

93. — Le *mode conditionnel* exprime l'idée

du verbe avec dépendance d'une condition : *JE LIRAIS*, *si j'avais des livres intéressants.*

Ce mode a deux temps : le présent, *je lirais;* le passé, *j'aurais lu;* une seconde manière pour exprimer le passé, *j'eusse lu.*

94. — Le *mode impératif* exprime l'idée du verbe sous la forme du commandement, de l'exhortation ou de la prière : *APPRENDS à obéir pour commander aux autres; AIMEZ vos ennemis.*

Ce mode n'a qu'un seul temps : *obéis, reçois, rends.*

95. — Le *mode subjonctif* exprime l'idée du verbe d'une manière subordonnée, et comme dépendante d'un autre verbe : *il faut QUE JE PARTE; j'aurais voulu QUE VOUS PRISSIEZ cette résolution.*

Ce mode compte quatre temps : le présent, *que j'aime;* l'imparfait, *que j'aimasse;* le parfait ou passé, *que j'aie aimé;* le plus-que-parfait *que j'eusse aimé.*

96. — Le *mode infinitif* exprime l'idée du verbe d'une manière indéfinie, indéterminée, sans indication de nombres ni de personnes : *AIMER Dieu; HONORER ses parents.*

Ce mode compte deux temps : le présent, *donner, recevoir;* le passé, *avoir donné, avoir reçu.*

Le participe présent, *donnant, recevant;* le participe passé, *donné, reçu,* qui, comme l'infinitif, n'admettent pas la différence des personnes, sont deux inflexions particulières que les verbes reçoivent à ce mode.

97. — L'infinitif est appelé *mode impersonnel*, parce qu'il n'admet pas la distinction des personnes. L'indicatif, l'impératif, le conditionnel et le subjonctif sont appelés *modes personnels*, parce qu'ils prennent cette distinction.

Questionnaire.

Qu'est-ce que le verbe ? — Qu'est-ce que le sujet du verbe ? — Comment le reconnaît-on ? — Quelle espèce de mot est ordinairement sujet ? — Qu'est-ce que le complément du verbe ? — Combien y en a-t-il ? — Qu'est-ce que le complément direct ? le complément indirect ? — Quelles sont les modifications qu'éprouve le verbe ? — Qu'entendez-vous par nombre dans les verbes ? — Dans quel cas un verbe est-il à la première personne ? à la seconde ? à la troisième ? — Qu'est-ce que les temps ? — Combien de parties comprend la durée ? — Qu'exprime le présent ? le passé ? le futur ? — Combien y a-t-il de temps pour les trois époques ? — Comment se divisent les temps ? — Qu'est-ce que les temps simples ? — Qu'est-ce que les temps composés ? — Que veut dire le mot mode ? — En quoi consistent les modes ? — Combien y en a-t-il ? — Qu'indique le mot indicatif ? — Combien de temps ce mode comprend-il ? — Quels sont-ils ? — Que marque le mode conditionnel ? — Combien de temps comprend-il ? — Qu'est-ce que le mode impératif ? — Combien a-t-il de temps ? — Qu'exprime le mode subjonctif ? — Combien a-t-il de temps ? — A quoi sert le mode infinitif ? — Combien compte-t-il de temps ? — Quel est le mode impersonnel ? — Quels sont les modes personnels ?

CHAPITRE VIII.

SUITE DU VERBE.

FORMATION DES TEMPS.

98. — Il y a cinq temps qu'on appelle *temps primitifs*, parce qu'ils servent à former tous les autres ; ce sont : le *présent de l'indicatif*, le *passé défini*, le *présent de l'infinitif*, le *participe présent*, le *participe passé*. Les temps formés des temps primitifs sont appelés *temps dérivés*.

99. — Le *présent de l'indicatif* forme les trois personnes de l'*impératif*, en retranchant les pronoms *je*, *nous*, *vous* : j'aime, *nous aimons*, *vous aimez* ; aime, aimons, aimez. Quatre verbes seulement font exception à cette règle : *je suis* fait *sois*, *soyons*, *soyez* ; *je sais* fait *sache*, *sachons*, *sachez* ; *je vais* fait *va*, *allons*, *allez* ; *j'ai* fait *aie*, *ayons*, *ayez*.

100. — Le *passé défini* forme l'*imparfait du subjonctif* en changeant *ai* en *asse*, pour la première conjugaison, comme *j'aimai*, *j'aimasse*, et en ajoutant *se* pour les trois autres : *je finis*, *je finisse* ; *je reçus*, *je reçusse* ; *je rendis*, *je rendisse*.

101. — Le *présent de l'infinitif* forme deux temps, le *futur de l'indicatif* et le *conditionnel présent*, par le changement de *r*, *re* ou *oir* en *rai* et *rais* : aimer, j'aimerai, j'aimerais ; finir,

je finirai, je finirais; rendre, je rendrai, je rendrais; recevoir, je recevrai, je recevrais.

102. — Le *participe présent* forme trois temps :

1° *L'imparfait de l'indicatif*, par le changement de *ant* en *ais : aimant, j'aimais; finissant, je finissais.*

2° Les trois personnes plurielles du *présent de l'indicatif*, en changeant *ant* en *ons, ez, ent : donnant, nous donnons, vous donnez, ils donnent.* Excepté les verbes de la troisième conjugaison, qui, à la troisième personne plurielle, changent *evant* en *oivent : recevant, ils reçoivent.*

3° Le *présent du subjonctif*, en changeant *ant*, selon la personne et le nombre, en *e, es, e, ions, iez : ent : rendant, que je rende, que tu rendes*, etc. Il faut excepter les verbes de la troisième conjugaison qui changent *evant* en *oive : recevant, que je reçoive.*

103.—Le *participe passé* forme tous les temps composés des verbes, en joignant à ce participe les différents temps des auxiliaires *être* ou *avoir : j'ai joué, ayant fini, je suis venu, j'étais arrivé*, etc.

DES DIFFÉRENTES ESPÈCES DE VERBES.

104. — Il n'y a réellement qu'un verbe proprement dit, le verbe *être*, parce que c'est le seul qui exprime l'existence. Tous les autres verbes ne sont véritablement des verbes que

parce qu'ils renferment en eux le verbe *être* joint à un adjectif exprimant soit l'état, soit la possession, soit l'action ; ainsi ces mots : *il dort, il a des qualités, il aime l'étude*, équivalent à ceux-ci : *il est dormant, il est ayant des qualités, il est aimant l'étude*. Ces verbes sont appelés *verbes attributifs*, parce qu'ils renferment l'attribut.

105. — On compte cinq sortes de verbes attributifs : les verbes *actifs*, les verbes *passifs*, les verbes *neutres*, les verbes *pronominaux*, les verbes *unipersonnels*.

106. — Les verbes qui expriment une action faite par le sujet, et qui ont ou peuvent avoir un complément direct, sont des *verbes actifs*. On les appelle aussi *verbes transitifs*, parce qu'ils marquent l'action du sujet sur la chose ou la personne que désigne le complément direct du verbe. Dans ces exemples : *aimer Dieu, écrire une lettre*, les mots *aimer* et *écrire* sont des verbes actifs.

On reconnaît qu'un verbe est actif toutes les fois qu'ont peut mettre après ce verbe les mots *quelqu'un* ou *quelque chose*.

107. — Les verbes qui marquent une action reçue ou soufferte par le sujet, sont des *verbes passifs*[1]. Ainsi *je suis aimé, ils sont protégés*, sont des verbes passifs.

1. Il n'y a pas, à proprement parler, de *verbes passifs* dans la langue française, puisque nous n'avons pas de formes particulières pour cette sorte de verbes. On n'ex-

108. — Les verbes qui n'ont pas de complément direct, ou après lesquels on ne peut pas mettre les mots *quelqu'un* ou *quelque chose*, sont des *verbes neutres*. On les appelle aussi *verbes intransitifs*, parce qu'ils expriment une action qui ne passe point hors du sujet. *Dormir, arriver, plaire*, sont des verbes neutres.

109. — Les verbes qui se conjuguent avec deux pronoms de la même personne, sont des *verbes pronominaux*. Ils ont pour complément direct leur second pronom. *Se réjouir, se plaindre*, sont des verbes pronominaux.

On appelle *verbes pronominaux essentiels* ceux qui ne peuvent être employés sans deux pronoms de la même personne, comme : *je m'empare, je me repens*. On ne peut pas dire *j'empare*, tandis qu'on peut dire *je plains*.

110. — Les verbes qui ne s'emploient dans tous leurs temps qu'à la troisième personne du singulier sont appelés *verbes unipersonnels*[1]. Ainsi *il neige, il pleut, il faut*, sont des verbes unipersonnels.

CONJUGAISON DU VERBE.

111. — Conjuguer un verbe, c'est le réciter

prime toutes les formes relatives au passif que par la combinaison des temps du verbe *être* avec le participe passé d'un autre verbe.

1. On les appelle aussi verbes *impersonnels*, parce que le pronom *il*, sujet de ces verbes, ne désigne réellement aucune personne.

ou l'écrire dans tous ses temps et avec toutes ses modifications.

112. — On a rangé tous les verbes dans quatre classes appelées *conjugaisons*. Ces conjugaisons se distinguent par des terminaisons différentes à l'infinitif.

La première se termine par *er*, comme *aimer*, *prier*.

La deuxième se termine par *ir*, comme *finir*, *partir*.

La troisième se termine par *oir*, comme *recevoir*, *savoir*.

La quatrième se termine par *re*, comme *rendre*, *connaître*.

113. — Les verbes *être* et *avoir*, qui servent à conjuguer les autres verbes dans leurs temps composés, sont appelés *verbes auxiliaires*.

Les temps composés du verbe *être*, les temps composés de tous les verbes actifs, et les temps composés de la plupart des verbes neutres et des verbes unipersonnels, se conjuguent avec l'auxiliaire *avoir*.

Tous les verbes passifs dans tous leurs temps, les temps composés de tous les verbes pronominaux, et d'un certain nombre de verbes neutres, se conjuguent avec l'auxiliaire *être*.

114. — Tous les verbes ne se conjuguent pas régulièrement, c'est-à-dire d'une manière conforme à la conjugaison qui leur sert de modèle; quelques-uns même manquent de certains temps ou de certaines personnes. De là les *verbes irréguliers* et les *verbes défectifs*.

115. — Les verbes *irréguliers* sont ceux dont les terminaisons dans plusieurs temps primitifs ou dérivés ne sont pas exactement conformes aux règles de la formation des temps. *Aller, courir, vouloir*, sont des verbes irréguliers.

Quelque irrégulier que soit un verbe, les irrégularités ne se rencontrent que dans les temps simples.

116. — Les verbes *défectifs* sont ceux auxquels il manque certains temps ou certaines personnes que l'usage n'admet pas. *Faillir, ouïr, traire*, sont des verbes défectifs.

Lorsqu'un temps primitif manque, tous les dérivés de ce temps manquent aussi.

ACCORD DU VERBE AVEC SON SUJET.

117. — Le verbe doit être du même nombre et de la même personne que son sujet : *tu joues; nous parlons ; l'oiseau chante ; les oiseaux chantent.*

118. — Quand le verbe a deux ou plusieurs sujets singuliers, il se met au pluriel : *mon père et ma mère m'aiment tendrement; la charité, l'humilité, la douceur, la patience sont des vertus excellentes.*

119. — Quand le verbe se rapporte à des sujets de différentes personnes, il s'accorde avec la personne qui a la priorité; la première personne a la priorité sur la seconde, et celle-ci

sur la troisième : *vous, votre mère et moi, nous avons été en Italie; votre frère et vous, vous serez récompensés.*

Questionnaire.

D'où sont formées les trois personnes de l'impératif? — Quels sont les verbes qui font exception à cette règle ? — De quel temps se forme l'imparfait du subjonctif? — De quelle manière se forme-t-il? — Quels sont les temps qui se forment du présent de l'infinitif?—Comment se fait cette formation ?—Quels sont les temps que forme le participe présent, et de quelle manière?—Y a-t-il quelques exceptions ? — D'où sont formés tous les temps composés ? — Qu'exprime le verbe *être ?* — Comment s'appellent les autres verbes ? — Combien y a-t-il de sortes de verbes attributifs ? — Quels sont-ils ? — Qu'est-ce qu'un verbe actif? — Comment reconnaît-on un verbe actif?— Qu'est-ce qu'un verbe passif ? — Comment reconnaît-on ces verbes ?—Qu'appelle-t-on verbes neutres?—Qu'est-ce qu'un verbe pronominal ? — Qu'appelle-t-on verbes unipersonnels ? — Qu'est-ce que conjuguer un verbe ? — Combien y a-t-il de terminaisons pour les verbes à l'infinitif? — Combien y a-t-il de conjugaisons ? — Comment se termine la première? la seconde ? la troisième ? la quatrième ? — Quel nom ont reçu les verbes *être* et *avoir?* — Pourquoi ont-ils reçu ce nom ?— Quels sont les verbes qui se conjuguent avec *avoir?* — Quels sont ceux qui se conjuguent avec *être?* — Qu'appelle-t-on verbes irréguliers ? — Qu'appelle-t-on verbes défectifs ? —Dans quel cas les dérivés manquent-ils ? — Comment le verbe s'accorde-t-il avec le sujet ? — De quel nombre est le verbe s'il a deux sujets singuliers ? — Avec quelle personne s'accorde le verbe se rapportant à des sujets de différentes personnes?

CHAPITRE IX.

CONJUGAISON DES VERBES [1].

VERBES AUXILIAIRES.

120. — Les verbes *avoir* et *être* ne sont auxiliaires que lorsqu'ils sont joints à quelque participe d'un autre verbe, pour en former les temps composés. Hors de là, le verbe *avoir*, qui appartient à la troisième conjugaison, est, de même que *recevoir* et *finir*, un verbe attributif; et le verbe *être*, qui appartient à la quatrième, exprime, comme on l'a dit, l'existence sans aucun attribut.

VERBE AUXILIAIRE *AVOIR*.

MODE INDICATIF.	
PRÉSENT.	IMPARFAIT.
*J'*ai.	*J'*avais.
Tu as.	*Tu* avais.
Il a [2].	*Il* avait.
Nous avons.	*Nous* avions.
Vous avez.	*Vous* aviez.
Ils ont.	*Ils* avaient.

1. Nous donnons ici la conjugaison complète des verbes réguliers. Quant aux verbes irréguliers et défectifs, ils ont été placés à la fin de la grammaire, et les élèves ne seront exercés sur ces verbes que lorsqu'ils connaîtront bien la conjugaison régulière.

2. Dans tous les verbes, on met à la troisième personne

PARFAIT OU PASSÉ DÉFINI.

J'eus.
Tu eus.
Il eut.
Nous eûmes.
Vous eûtes.
Ils eurent.

PARFAIT OU PASSÉ INDÉFINI.

J'ai eu.
Tu as eu.
Il a eu.
Nous avons eu.
Vous avez eu.
Ils ont eu.

PARFAIT OU PASSÉ ANTÉRIEUR.

J'eus eu.
Tu eus eu.
Il eut eu.
Nous eûmes eu.
Vous eûtes eu.
Ils eurent eu.

PLUS-QUE-PARFAIT.

J'avais eu.
Tu avais eu.
Il avait eu.
Nous avions eu.
Vous aviez eu.
Ils avaient eu.

FUTUR SIMPLE.

J'aurai.
Tu auras.
Il aura.
Nous aurons.
Vous aurez.
Ils auront.

FUTUR ANTÉRIEUR.

J'aurai eu.
Tu auras eu.
Il aura eu.
Nous aurons eu.
Vous aurez eu.
Ils auront eu.

MODE CONDITIONNEL.

PRÉSENT.

J'aurais.
Tu aurais.
Il aurait.
Nous aurions.
Vous auriez.
Ils auraient.

PASSÉ.

J'aurais eu.
Tu aurais eu.
Il aurait eu.
Nous aurions eu.
Vous auriez eu.
Ils auraient eu [1].

---

singulière de tous les temps *il* ou *elle*, et à la troisième personne plurielle *ils* ou *elles*, pour marquer le genre masculin ou le genre féminin.

1. On dit aussi : *J'*eusse eu. *Tu* eusses eu. *Il* eût eu. *Nous* eussions eu. *Vous* eussiez eu. *Ils* eussent eu.

2. *Petite Grammaire.*   3

MODE IMPÉRATIF.

Aie.
Ayons.
Ayez.

MODE SUBJONCTIF.

PRÉSENT.

Que j'aie.
Que tu aies.
Qu'il ait.
Que nous ayons.
Que vous ayez.
Qu'ils aient.

IMPARFAIT.

Que j'eusse.
Que tu eusses.
Qu'il eût.
Que nous eussions.
Que vous eussiez.
Qu'ils eussent.

PARFAIT OU PASSÉ.

Que j'aie eu.
Que tu aies eu.
Qu'il ait eu.
Que nous ayons eu.
Que vous ayez eu.
Qu'ils aient eu.

PLUS-QUE-PARFAIT.

Que j'eusse eu.
Que tu eusses eu.
Qu'il eût eu.
Que nous eussions eu.
Que vous eussiez eu.
Qu'ils eussent eu.

MODE INFINITIF.

PRÉSENT.

Avoir.

PASSÉ.

Avoir eu.

PARTICIPE PRÉSENT.

Ayant.

PARTICIPE PASSÉ.

Eu, ayant eu.

VERBE AUXILIAIRE *ÊTRE*.

MODE INDICATIF.

PRÉSENT.

Je suis.
Tu es.
Il est.
Nous sommes.
Vous êtes.
Ils sont.

IMPARFAIT.

J'étais.
Tu étais.
Il était.
Nous étions.
Vous étiez.
Ils étaient.

PARFAIT OU PASSÉ DÉFINI.

Je fus.
Tu fus.
Il fut.
Nous fûmes.
Vous fûtes.
Ils furent.

2.

PARFAIT OU PASSÉ INDÉFINI.

J'ai été.
Tu as été.
Il a été.
Nous avons été.
Vous avez été.
Ils ont été.

PARFAIT OU PASSÉ ANTÉRIEUR.

J'eus été.
Tu eus été.
Il eut été.
Nous eûmes été.
Vous eûtes été.
Ils eurent été.

PLUS-QUE-PARFAIT.

J'avais été.
Tu avais été.
Il avait été.
Nous avions été.
Vous aviez été.
Ils avaient été.

FUTUR SIMPLE.

Je serai.
Tu seras.
Il sera.
Nous serons.
Vous serez.
Ils seront.

FUTUR ANTÉRIEUR.

J'aurai été.
Tu auras été.
Il aura été.
Nous aurons été.
Vous aurez été.
Ils auront été.

MODE CONDITIONNEL.

PRÉSENT.

Je serais.
Tu serais.
Il serait.
Nous serions.
Vous seriez.
Ils seraient.

PASSÉ.

J'aurais été.
Tu aurais été.
Il aurait été.
Nous aurions été.
Vous auriez été.
Ils auraient été [1].

MODE IMPÉRATIF.

Sois.
Soyons.
Soyez.

MODE SUBJONCTIF.

PRÉSENT.

Que je sois.
Que tu sois.
Qu'il soit.
Que nous soyons.
Que vous soyez.
Qu'ils soient.

---

1. On dit aussi : *J'*eusse été. *Tu* eusses été. *Il* eût été. *Nous* eussions été. *Vous* eussiez été. *Ils* eussent été.

IMPARFAIT.

Que je fusse.
Que tu fusses.
Qu'il fût.
Que nous fussions.
Que vous fussiez.
Qu'ils fussent.

PARFAIT OU PASSÉ.

*Que j'*aie été.
Que tu aies été.
Qu'il ait été.
Que nous ayons été.
Que vous ayez été.
Qu'ils aient été.

PLUS-QUE-PARFAIT.

*Que j'*eusse été.

Que tu eusses été.
Qu'il eût été.
Que nous eussions été.
Que vous eussiez été.
Qu'ils eussent été.

MODE INFINITIF.

PRÉSENT.

Etre.

PASSÉ.

Avoir été.

PARTICIPE PRÉSENT.

Etant.

PARTICIPE PASSÉ.

Eté, ayant été.

VERBES ACTIFS.

121. — Les verbes actifs, comme on l'a déjà dit, expriment une action faite par le sujet, et ils ont ou peuvent avoir un complément direct. Dans leurs temps composés, ils se conjuguent toujours avec *avoir*. La première personne singulière du présent de l'indicatif ne prend pas de *s* dans la première conjugaison, mais elle en prend un dans les trois autres. La première et la seconde personne plurielle du passé défini dans les quatre conjugaisons prennent un accent circonflexe, et l'impératif n'a point de première personne.

PREMIÈRE CONJUGAISON,

EN *ER*.

MODE INDICATIF.

PRÉSENT.

J'aime.
Tu aimes.
Il aime.
Nous aimons.
Vous aimez.
Ils aiment.

IMPARFAIT.

J'aimais.
Tu aimais.
Il aimait.
Nous aimions.
Vous aimiez.
Ils aimaient.

PARFAIT OU PASSÉ DÉFINI.

J'aimai.
Tu aimas.
Il aima.
Nous aimâmes.
Vous aimâtes.
Ils aimèrent.

PARFAIT OU PASSÉ INDÉFINI.

J'ai aimé.
Tu as aimé.
Il a aimé.
Nous avons aimé.
Vous avez aimé.
Ils ont aimé.

PARFAIT OU PASSÉ ANTÉRIEUR.

J'eus aimé.
Tu eus aimé.
Il eut aimé.
Nous eûmes aimé.
Vous eûtes aimé.
Ils eurent aimé.

PLUS-QUE-PARFAIT.

J'avais aimé.
Tu avais aimé.
Il avait aimé.
Nous avions aimé.
Vous aviez aimé.
Ils avaient aimé.

FUTUR SIMPLE.

J'aimerai.
Tu aimeras.
Il aimera.
Nous aimerons.
Vous aimerez.
Ils aimeront.

FUTUR ANTÉRIEUR.

J'aurai aimé.
Tu auras aimé.
Il aura aimé.
Nous aurons aimé.
Vous aurez aimé.
Ils auront aimé.

MODE CONDITIONNEL.

PRÉSENT.

J'aimerais.
Tu aimerais.
Il aimerait.
Nous aimerions.

Vous aimeriez.
Ils aimeraient.

PASSÉ.

J'aurais aimé.
Tu aurais aimé.
Il aurait aimé.
Nous aurions aimé.
Vous auriez aimé.
Ils auraient aimé [1].

MODE IMPÉRATIF.

Aime.
Aimons.
Aimez.

MODE SUBJONCTIF.

PRÉSENT.

*Que j'*aime.
Que tu aimes.
Qu'il aime.
Que nous aimions.
Que vous aimiez.
Qu'ils aiment.

IMPARFAIT.

*Que j'*aimasse.
Que tu aimasses.
Qu'il aimât.
Que nous aimassions.

Que vous aimassiez.
Qu'ils aimassent.

PARFAIT OU PASSÉ.

Que j'aie aimé.
Que tu aies aimé.
Qu'il ait aimé.
Que nous ayons aimé.
Que vous ayez aimé.
Qu'ils aient aimé.

PLUS-QUE-PARFAIT.

Que j'eusse aimé.
Que tu eusses aimé.
Qu'il eût aimé.
Que nous eussions aimé.
Que vous eussiez aimé.
Qu'ils eussent aimé.

MODE INFINITIF.

PRÉSENT.

Aimer.

PASSÉ.

Avoir aimé.

PARTICIPE PRÉSENT.

Aimant.

PARTICIPE PASSÉ.

Aimé, *ayant* aimé.

Conjuguez de même : *implorer, parler, pleurer, daigner, chanter, donner,* etc.

---

1. On dit aussi : *J'eusse* aimé. *Tu eusses* aimé. *Il eût*
aimé. *Nous eussions* aimé. *Vous eussiez* aimé. *Ils
eussent* aimé.

DEUXIÈME CONJUGAISON,

EN *IR*.

MODE INDICATIF.

PRÉSENT.

Je finis.
Tu finis.
Il finit.
Nous finissons.
Vous finissez.
Ils finissent.

IMPARFAIT.

Je finissais.
Tu finissais.
Il finissait.
Nous finissions.
Vous finissiez.
Ils finissaient.

PARFAIT OU PASSÉ DÉFINI.

Je finis.
Tu finis.
Il finit.
Nous finimes.
Vous finîtes.
Ils finirent.

PARFAIT OU PASSÉ INDÉFINI.

J'ai fini.
Tu as fini.
Il a fini.
Nous avons fini.
Vous avez fini.
Ils ont fini.

PARFAIT OU PASSÉ ANTÉRIEUR.

J'eus fini.
Tu eus fini.
Il eut fini.
Nous eûmes fini.
Vous eûtes fini.
Ils eurent fini.

PLUS-QUE-PARFAIT.

J'avais fini.
Tu avais fini.
Il avait fini.
Nous avions fini.
Vous aviez fini.
Ils avaient fini.

FUTUR SIMPLE.

Je finirai.
Tu finiras.
Il finira.
Nous finirons.
Vous finirez.
Ils finiront.

FUTUR ANTÉRIEUR.

J'aurai fini.
Tu auras fini.
Il aura fini.
Nous aurons fini.
Vous aurez fini.
Ils auront fini.

MODE CONDITIONNEL.

PRÉSENT.

Je finirais.
Tu finirais.
Il finirait.
Nous finirions.
Vous finiriez
Ils finiraient.

PASSÉ.

J'aurais fini.
Tu aurais fini.
Il aurait fini.
Nous aurions fini.
Vous auriez fini.
Ils auraient fini [1].

MODE IMPÉRATIF.

Finis.
Finissons.
Finissez.

MODE SUBJONCTIF.

PRÉSENT.

Que je finisse.
Que tu finisses.
Qu'il finisse.
Que nous finissions.
Que vous finissiez.
Qu'ils finissent.

IMPARFAIT.

Que je finisse.

Que tu finisses.
Qu'il finît.
Que nous finissions.
Que vous finissiez.
Qu'ils finissent.

PARFAIT OU PASSÉ.

Que j'aie fini.
Que tu aies fini.
Qu'il ait fini.
Que nous ayons fini.
Que vous ayez fini.
Qu'ils aient fini.

PLUS-QUE-PARFAIT.

Que j'eusse fini.
Que tu eusses fini.
Qu'il eût fini.
Que nous eussions fini.
Que vous eussiez fini.
Qu'ils eussent fini.

MODE INFINITIF.

PRÉSENT.

Finir.

PASSÉ.

Avoir fini.

PARTICIPE PRÉSENT.

Finissant.

PARTICIPE PASSÉ.

Fini, ayant fini.

Conjuguez de même : *remplir, agir, choisir, gémir, applaudir, amollir,* etc.

---

1. On dit aussi : *J'eusse fini. Tu eusses fini. Il eût fini. Nous eussions fini. Vous eussiez fini. Ils eussent fini.*

TROISIÈME CONJUGAISON,

EN *OIR*.

MODE INDICATIF.

PRÉSENT.

Je reçois.
Tu reçois.
Il reçoit.
Nous recevons.
Vous recevez.
Ils reçoivent.

IMPARFAIT.

Je recevais.
Tu recevais.
Il recevait.
Nous recevions.
Vous receviez.
Ils recevaient.

PARFAIT OU PASSÉ DÉFINI.

Je reçus.
Tu reçus.
Il reçut.
Nous reçûmes.
Vous reçûtes.
Ils reçurent.

PARFAIT OU PASSÉ INDÉFINI.

J'ai reçu.
Tu as reçu.
Il a reçu.
Nous avons reçu.
Vous avez reçu.
Ils ont reçu.

PARFAIT OU PASSÉ ANTÉRIEUR.

J'eus reçu.
Tu eus reçu.
Il eut reçu.
Nous eûmes reçu.
Vous eûtes reçu.
Ils eurent reçu.

PLUS-QUE-PARFAIT.

J'avais reçu.
Tu avais reçu.
Il avait reçu.
Nous avions reçu.
Vous aviez reçu.
Ils avaient reçu.

FUTUR SIMPLE.

Je recevrai.
Tu recevras.
Il recevra.
Nous recevrons.
Vous recevrez.
Ils recevront.

FUTUR ANTÉRIEUR.

J'aurai reçu.
Tu auras reçu.
Il aura reçu.
Nous aurons reçu.
Vous aurez reçu.
Ils auront reçu.

MODE CONDITIONNEL.

PRÉSENT.

Je recevrais.
Tu recevrais.
Il recevrait.
Nous recevrions.
Vous recevriez.
Ils recevraient.

PASSÉ.

J'aurais reçu.
Tu aurais reçu.
Il aurait reçu.
Nous aurions reçu.
Vous auriez reçu.
Ils auraient reçu [1].

MODE IMPÉRATIF.

Reçois.
Recevons.
Recevez.

MODE SUBJONCTIF.

PRÉSENT.

Que je reçoive.
Que tu reçoives.
Qu'il reçoive.
Que nous recevions.
Que vous recevions.
Qu'ils reçoivent.

IMPARFAIT.

Que je reçusse.

Que tu reçusses.
Qu'il reçût.
Que nous reçussions.
Que vous reçussiez.
Qu'ils reçussent.

PARFAIT OU PASSÉ.

Que j'aie reçu.
Que tu aies reçu.
Qu'il ait reçu.
Que nous ayons reçu.
Que vous ayez reçu.
Qu'ils aient reçu.

PLUS-QUE-PARFAIT.

Que j'eusse reçu.
Que tu eusses reçu.
Qu'il eût reçu.
Que nous eussions reçu.
Que vous eussiez reçu.
Qu'ils eussent reçu.

MODE INFINITIF.

PRÉSENT.

Recevoir.

PASSÉ.

Avoir reçu.

PARTICIPE PRÉSENT.

Recevant.

PARTICIPE PASSÉ.

Reçu, *ayant reçu.*

Conjuguez de même : *percevoir, concevoir, apercevoir devoir*, etc.

---

1. On dit aussi : *J'eusse reçu. Tu eusses reçu. Il eût reçu. Nous eussions reçu. Vous eussiez reçu. Ils eussent reçu.*

QUATRIÈME CONJUGAISON,

EN *RE*.

MODE INDICATIF.

PRÉSENT.

Je rends.
Tu rends.
Il rend.
Nous rendons.
Vous rendez.
Ils rendent.

IMPARFAIT.

Je rendais.
Tu rendais.
Il rendait.
Nous rendions.
Vous rendiez.
Ils rendaient.

PARFAIT OU PASSÉ DÉFINI.

Je rendis.
Tu rendis.
Il rendit.
Nous rendîmes.
Vous rendîtes.
Ils rendirent.

PARFAIT OU PASSÉ INDÉFINI.

J'ai rendu.
Tu as rendu.
Il a rendu.
Nous avons rendu.
Vous avez rendu.
Ils ont rendu.

PARFAIT OU PASSÉ ANTÉRIEUR.

J'eus rendu.
Tu eus rendu.
Il eut rendu.
Nous eûmes rendu.
Vous eûtes rendu.
Ils eurent rendu.

PLUS-QUE-PARFAIT.

J'avais rendu.
Tu avais rendu.
Il avait rendu.
Nous avions rendu.
Vous aviez rendu.
Ils avaient rendu.

FUTUR SIMPLE.

Je rendrai.
Tu rendras.
Il rendra.
Nous rendrons.
Vous rendrez.
Ils rendront.

FUTUR ANTÉRIEUR.

J'aurai rendu.
Tu auras rendu.
Il aura rendu.
Nous aurons rendu
Vous aurez rendu.
Ils auront rendu.

MODE CONDITIONNEL.

PRÉSENT.

Je rendrais.
Tu rendrais.
Il rendrait.
Nous rendrions.
Vous rendriez.
Ils rendraient.

PASSÉ.

J'aurais rendu.
Tu aurais rendu.
Il aurait rendu.
Nous aurions rendu.
Vous auriez rendu.
Ils auraient rendu [1].

MODE IMPÉRATIF.

Rends.
Rendons.
Rendez.

MODE SUBJONCTIF.

PRÉSENT.

Que je rende.
Que tu rendes.
Qu'il rende.
Que nous rendions.
Que vous rendiez.
Qu'ils rendent.

IMPARFAIT.

Que je rendisse.

Que tu rendisses.
Qu'il rendît.
Que nous rendissions.
Que vous rendissiez.
Qu'ils rendissent.

PARFAIT OU PASSÉ.

Que j'aie rendu.
Que tu aies rendu.
Qu'il ait rendu.
Que nous ayons rendu.
Que vous ayez rendu.
Qu'ils aient rendu.

PLUS-QUE-PARFAIT.

Que j'eusse rendu.
Que tu eusses rendu.
Qu'il eût rendu.
Que nous eussions rendu.
Que vous eussiez rendu.
Qu'ils eussent rendu.

MODE INFINITIF.

PRÉSENT.

Rendre.

PASSÉ.

Avoir rendu.

PARTICIPE PRÉSENT.

Rendant.

PARTICIPE PASSÉ.

Rendu, ayant rendu.

Conjuguez de même : *attendre, entendre, vendre, répandre,* etc.

---

1. On dit aussi : *J'eusse* rendu. *Tu eusses* rendu. *Il eût* rendu. *Nous eussions* rendu. *Vous eussiez* rendu. *Ils eussent* rendu.

VERBES PASSIFS.

122. — Les verbes passifs marquent une action reçue, soufferte par le sujet. Il n'y a qu'une seule conjugaison pour tous les verbes passifs ; elle se fait avec l'auxiliaire *être* dans tous les temps et avec le participe passé du verbe actif.

MODE INDICATIF.

PRÉSENT.

Je suis aimé.
Tu es aimé.
Il est aimé [1].
Nous sommes aimés.
Vous êtes aimés.
Ils sont aimés.

IMPARFAIT.

J'étais aimé.
Tu étais aimé.
Il était aimé.
Nous étions aimés.
Vous étiez aimés.
Ils étaient aimés.

PARFAIT OU PASSÉ DÉFINI.

Je fus aimé.
Tu fus aimé.
Il fut aimé.
Nous fûmes aimés.
Vous fûtes aimés.
Ils furent aimés.

PARFAIT OU PASSÉ INDÉFINI.

J'ai été aimé.
Tu as été aimé.
Il a été aimé.
Nous avons été aimés.
Vous avez été aimés.
Ils ont été aimés.

---

1. Aux troisièmes personnes de tous les temps des verbes passifs, au lieu de *il, ils*, on met *elle, elles*, pour le genre féminin. Alors le participe prend la marque du féminin : *elle est aimée, elles sont aimées*, etc.

PARFAIT OU PASSÉ ANTÉRIEUR.

J'eus été aimé.
Tu eus été aimé.
Il eut été aimé.
Nous eûmes été aimés.
Vous eûtes été aimés.
Ils eurent été aimés.

PLUS-QUE-PARFAIT.

J'avais été aimé.
Tu avais été aimé.
Il avait été aimé.
Nous avions été aimé.
Vous aviez été aimés.
Ils avaient été aimés.

FUTUR SIMPLE.

Je serai aimé.
Tu seras aimé.
Il sera aimé.
Nous serons aimés.
Vous serez aimés.
Ils seront aimés.

FUTUR ANTÉRIEUR.

J'aurai été aimé.
Tu auras été aimé.
Il aura été aimé.
Nous aurons été aimés.
Vous aurez été aimés.
Ils auront été aimés.

MODE CONDITIONNEL.

PRÉSENT.

Je serais aimé.

Tu serais aimé.
Il serait aimé.
Nous serions aimés.
Vous seriez aimés.
Ils seraient aimés.

PASSÉ.

J'aurais été aimé.
Tu aurais été aimé.
Il aurait été aimé.
Nous aurions été aimés.
Vous auriez été aimés.
Ils auraient été aimés [1].

MODE IMPÉRATIF.

Sois aimé.
Soyons aimés.
Soyez aimés.

MODE SUBJONCTIF.

PRÉSENT.

Que je sois aimé.
Que tu sois aimé.
Qu'il soit aimé.
Que nous soyons aimés.
Que vous soyez aimés.
Qu'ils soient aimés.

IMPARFAIT.

Que je fusse aimé.
Que tu fusses aimé.
Qu'il fût aimé.
Que nous fussions aimés.
Que vous fussiez aimés.
Qu'ils fussent aimés.

---

1. On dit aussi : *J'eusse été aimé. Tu eusses été aimé. Il eût été aimé. Nous eussions été aimés. Vous eussiez été aimés. Ils eussent été aimés.*

PARFAIT OU PASSÉ.

Que j'aie été aimé.
Que tu aies été aimé.
Qu'il ait été aimé.
Que nous ayons été aimés.
Que vous ayez été aimés.
Qu'ils aient été aimés.

PLUS-QUE-PARFAIT.

Que j'eusse été aimé.
Que tu eusses été aimé.
Qu'il eût été aimé.
Que nous eussions été aimés.
Que vous eussiez été aimés.
Qu'ils eussent été aimés.

MODE INFINITIF.

PRÉSENT.

Être aimé.

PASSÉ.

Avoir été aimé.

PARTICIPE PRÉSENT.

Étant aimé.

PARTICIPE PASSÉ.

Ayant été aimé.

Conjuguez de même : *être loué, être chéri, être aperçu, être lu,* etc.

VERBES NEUTRES.

123.—Les verbes neutres expriment, comme les verbes actifs, une action faite par le sujet, mais ils n'ont pas de complément direct, et conséquemment ils ne peuvent jamais adopter la voix passive. Ils se conjuguent dans leurs temps composés avec *avoir* ou *être,* mais le plus grand nombre avec *avoir.*

VERBES NEUTRES,
AVEC L'AUXILIAIRE *AVOIR.*

MODE INDICATIF.

PRÉSENT.

Je dors.
Tu dors.
Il dort.
Nous dormons.
Vous dormez.
Ils dorment.

IMPARFAIT.

Je dormais.
Tu dormais.
Il dormait.
Nous dormions.
Vous dormiez.
Ils dormaient.

PARFAIT OU PASSÉ DÉFINI.

Je dormis.
Tu dormis.
Il dormit.
Nous dormîmes.
Vous dormîtes.
Ils dormirent.

PARFAIT OU PASSÉ INDÉFINI.

J'ai dormi.
Tu as dormi.
Il a dormi.
Nous avons dormi.
Vous avez dormi.
Ils ont dormi.

PARFAIT OU PASSÉ ANTÉRIEUR.

J'eus dormi.
Tu eus dormi.
Il eut dormi.
Nous eûmes dormi.
Vous eûtes dormi.
Ils eurent dormi.

PLUS-QUE-PARFAIT.

J'avais dormi.
Tu avais dormi.
Il avait dormi.

Nous avions dormi.
Vous aviez dormi.
Ils avaient dormi.

FUTUR SIMPLE.

Je dormirai.
Tu dormiras.
Il dormira.
Nous dormirons.
Vous dormirez.
Ils dormiront.

FUTUR ANTÉRIEUR.

J'aurai dormi.
Tu auras dormi.
Il aura dormi.
Nous aurons dormi.
Vous aurez dormi.
Ils auront dormi.

MODE CONDITIONNEL.

PRÉSENT.

Je dormirais.
Tu dormirais.
Il dormirait.
Nous dormirions.
Vous dormiriez.
Ils dormiraient.

PASSÉ.

J'aurais dormi.
Tu aurais dormi.
Il aurait dormi.
Nous aurions dormi.
Vous auriez dormi.
Ils auraient dormi [1].

---

1. On dit aussi : *J'eusse* dormi. *Tu eusses* dormi. *Il eût* dormi. *Nous eussions* dormi. *Vous eussiez* dormi. *Ils eussent* dormi.

MODE IMPÉRATIF.

Dors.
Dormons.
Dormez.

MODE SUBJONCTIF.

PRÉSENT.

Que je dorme.
Que tu dormes.
Qu'il dorme.
Que nous dormions.
Que vous dormiez.
Qu'ils dorment.

IMPARFAIT.

Que je dormisse.
Que tu dormisses.
Qu'il dormît.
Que nous dormissions.
Que vous dormissiez.
Qu'ils dormissent.

PARFAIT OU PASSÉ.

Que j'aie dormi.
Que tu aies dormi.

Qu'il ait dormi.
Que nous ayons dormi.
Que vous ayez dormi.
Qu'ils aient dormi.

PLUS-QUE-PARFAIT.

Que j'eusse dormi.
Que tu eusses dormi.
Qu'il eût dormi.
Que nous eussions dormi.
Que vous eussiez dormi.
Qu'ils eussent dormi.

MODE INFINITIF.

PRÉSENT.

Dormir.

PASSÉ.

Avoir dormi.

PARTICIPE PRÉSENT.

Dormant.

PARTICIPE PASSÉ.

Dormi, ayant dormi.

Conjuguez de même : *régner, marcher, languir,* etc.

VERBES NEUTRES,
AVEC L'AUXILIAIRE *ÊTRE.*

MODE INDICATIF.

PRÉSENT.

J'arrive.
Tu arrives.
Il arrive.
Nous arrivons.
Vous arrivez.
Ils arrivent.

IMPARFAIT.

J'arrivais.
Tu arrivais.
Il arrivait.
Nous arrivions.
Vous arriviez.
Ils arrivaient.

PARFAIT OU PASSÉ DÉFINI.

J'arrivai.
Tu arrivas.
Il arriva.
Nous arrivâmes.
Vous arrivâtes.
Ils arrivèrent.

PARFAIT OU PASSÉ INDÉFINI.

Je suis arrivé.
Tu es arrivé.
Il est arrivé.
Nous sommes arrivés.
Vous êtes arrivés.
Ils sont arrivés.

PARFAIT OU PASSÉ
ANTÉRIEUR.

Je fus arrivé.
Tu fus arrivé.
Il fut arrivé.
Nous fûmes arrivés.
Vous fûtes arrivés.
Ils furent arrivés.

PLUS-QUE-PARFAIT.

J'étais arrivé.
Tu étais arrivé.
Il était arrivé.
Nous étions arrivés.
Vous étiez arrivés.
Ils étaient arrivés.

FUTUR SIMPLE.

J'arriverai.
Tu arriveras.

Il arrivera.
Nous arriverons.
Vous arriverez.
Ils arriveront.

FUTUR ANTÉRIEUR.

Je serai arrivé.
Tu seras arrivé.
Il sera arrivé.
Nous serons arrivés.
Vous serez arrivés.
Ils seront arrivés.

MODE CONDITIONNEL.

PRÉSENT.

J'arriverais.
Tu arriverais.
Il arriverait.
Nous arriverions.
Vous arriveriez.
Ils arriveraient.

PASSÉ.

Je serais arrivé.
Tu serais arrivé.
Il serait arrivé.
Nous serions arrivés.
Vous seriez arrivés.
Ils seraient arrivés [1].

MODE IMPÉRATIF.

Arrive.
Arrivons.
Arrivez.

---

1. On dit aussi : *Je fusse arrivé. Tu fusses arrivé. Il fût arrivé. Nous fussions arrivés. Vous fussiez arrivés. Ils fussent arrivés.*

MODE SUBJONCTIF.

PRÉSENT.

Que j'arrive.
Que tu arrives.
Qu'il arrive.
Que nous arrivions.
Que vous arriviez.
Qu'ils arrivent.

IMPARFAIT.

Que j'arrivasse.
Que tu arrivasses.
Qu'il arrivât.
Que nous arrivassions.
Que vous arrivassiez.
Qu'ils arrivassent.

PARFAIT OU PASSÉ.

Que je sois arrivé.
Que tu sois arrivé.
Qu'il soit arrivé.
Que nous soyons arrivés.
Que vous soyez arrivés.
Qu'ils soient arrivés.

PLUS-QUE-PARFAIT.

Que je fusse arrivé.
Que tu fusses arrivé.
Qu'il fût arrivé.
Que nous fussions arrivés.
Que vous fussiez arivés.
Qu'ils fussent arrivés.

MODE INFINITIF.

PRÉSENT.

Arriver.

PASSÉ.

Être arrivé.

PARTICIPE PRÉSENT.

Arrivant.

PARTICIPE PASSÉ.

Arrivé, étant arrivé.

Conjuguez de même : *tomber, monter, sortir,* etc.

VERBES PRONOMINAUX.

124.—Les verbes pronominaux se conjuguent toujours avec deux pronoms de la même personne. Ils n'ont pas de conjugaison particulière : dans les temps simples, ils se conjuguent comme les verbes de la conjugaison à laquelle ils appartiennent, et dans les temps composés ils prennent l'auxiliaire *être*.

MODE INDICATIF.

PRÉSENT.

Je me réjouis.
Tu te réjouis.
Il se réjouit.
Nous nous réjouissons.
Vous vous réjouissez.
Ils se réjouissent.

IMPARFAIT.

Je me réjouissais.
Tu te réjouissais.
Il se réjouissait.
Nous nous réjouissions.
Vous vous réjouissiez.
Ils se réjouissaient.

PARFAIT OU PASSÉ DÉFINI.

Je me réjouis.
Tu te réjouis.
Il se réjouit.
Nous nous réjouîmes.
Vous vous réjouîtes.
Ils se réjouirent.

PARFAIT OU PASSÉ INDÉFINI.

Je me suis réjoui.
Tu t'es réjoui.
Il s'est réjoui.
Nous nous sommes ré-
    jouis.
Vous vous êtes réjouis.
Ils se sont réjouis.

PARFAIT OU PASSÉ ANTÉRIEUR.

Je me fus réjoui.
Tu te fus réjoui.

Il se fut réjoui.
Nous nous fûmes réjouis.
Vous vous fûtes réjouis.
Ils se furent réjouis.

PLUS-QUE-PARFAIT.

Je m'étais réjoui.
Tu t'étais réjoui.
Il s'était réjoui.
Nous nous étions réjouis.
Vous vous étiez réjouis.
Ils s'étaient réjouis.

FUTUR SIMPLE.

Je me réjouirai.
Tu te réjouiras.
Il se réjouira.
Nous nous réjouirons.
Vous vous réjouirez.
Ils se réjouiront.

FUTUR ANTÉRIEUR.

Je me serai réjoui.
Tu te seras réjoui.
Il se sera réjoui.
Nous nous serons réjouis.
Vous vous serez réjouis.
Ils se seront réjouis.

MODE CONDITIONNEL.

PRÉSENT.

Je me réjouirais.
Tu te réjouirais.
Il se réjouirait.
Nous nous réjouirions.
Vous vous réjouiriez.
Ils se réjouiraient.

PASSÉ.

Je me serais réjoui.
Tu te serais réjoui.
Il se serait réjoui.
Nous nous serions réjouis.
Vous vous seriez réjouis.
Ils se seraient réjouis [1].

MODE IMPÉRATIF.

Réjouis-toi.
Réjouissons-nous.
Réjouissez-vous.

MODE SUBJONCTIF.

PRÉSENT.

Que je me réjouisse.
Que tu te réjouisses.
Qu'il se réjouisse.
Que nous nous réjouissions.
Que vous vous réjouissiez.
Qu'ils se réjouissent.

IMPARFAIT.

Que je me réjouisse.
Que tu te réjouisses.
Qu'il se réjouît.
Que nous nous réjouissions.
Que vous vous réjouissiez.
Qu'ils se réjouissent.

PARFAIT OU PASSÉ.

Que je me sois réjoui.
Que tu te sois réjoui.
Qu'il se soit réjoui.
Que nous nous soyons réjouis.
Que vous vous soyez réjouis.
Qu'ils se soient réjouis.

PLUS-QUE-PARFAIT.

Que je me fusse réjoui.
Que tu te fusses réjoui.
Qu'il se fût réjoui.
Que nous nous fussions réjouis.
Que vous vous fussiez réjouis.
Qu'ils se fussent réjouis.

MODE INFINITIF.

PRÉSENT.

Se réjouir.

PASSÉ.

S'être réjoui.

PARTICIPE PRÉSENT.

Se réjouissant.

PARTICIPE PASSÉ.

Réjoui, s'étant réjoui.

Conjuguez de même : *se blesser, se coucher, s'emparer,* etc.

---

1 On dit aussi : *Je me fusse réjoui. Tu te fusses réjoui. Il se fût réjoui. Nous nous fussions réjouis. Vous vous fussiez réjouis. Ils se fussent réjouis.*

VERBES UNIPERSONNELS.

125. — Les verbes unipersonnels ne s'emploient qu'à la troisième personne du singulier. Ils se conjuguent selon les inflexions qu'exige la conjugaison à laquelle ils appartiennent.

MODE INDICATIF.

PRÉSENT.

Il neige.

IMPARFAIT.

Il neigeait.

PARFAIT OU PASSÉ DÉFINI.

Il neigea.

PARFAIT OU PASSÉ INDÉFINI.

Il a neigé.

PARFAIT OU PASSÉ ANTÉRIEUR.

Il eut neigé.

PLUS-QUE-PARFAIT.

Il avait neigé.

FUTUR SIMPLE.

Il neigera.

FUTUR ANTÉRIEUR.

Il aura neigé.

MODE CONDITIONNEL.

PRÉSENT.

Il neigerait.

PASSÉ.

Il aurait neigé [1].

MODE SUBJONCTIF.

PRÉSENT.

Qu'il neige.

IMPARFAIT.

Qu'il neigeât.

PARFAIT OU PASSÉ.

Qu'il ait neigé.

PLUS-QUE-PARFAIT.

Qu'il eût neigé.

MODE INFINITIF.

PRÉSENT.

Neiger.

PARTICIPE PASSÉ.

Ayant neigé.

Conjuguez de même : *tonner, résulter,* etc.

---

1. On dit aussi : *Il eût* neigé.

Remarques sur quelques verbes réguliers de la première conjugaison offrant quelques difficultés sous le rapport de l'orthographe.

126.—VERBES EN *CER*. Dans les verbes terminés en *cer* à l'infinitif, comme *forcer, annoncer,* etc., on met une cédille sous le *c* devant les voyelles *a, o : Il annonça, nous forçons.*

127.—VERBES EN *GER*. Les verbes terminés en *ger* à l'infinitif, comme *venger, changer,* etc., gardent l'*e* devant les voyelles *a* et *o : Il vengea ; nous changeons.*

128.—VERBES EN *ELER* OU *ETER*. Les verbes en *eler* et *eter,* comme *appeler, jeter,* doublent *l* et *t,* quand après ces deux lettres se trouve un *e* muet, c'est-à-dire lorsque ces lettres sont suivies de *e, es, ent : J'appelle ; tu jettes.*

Il faut excepter les verbes *acheter, bourreler, déceler, geler, harceler, peler,* qui changent l'*e* muet en *e* ouvert, au lieu de doubler la consonne : *J'achète ; il gèle.*

129. — VERBES EN *YER*. Les verbes terminés en *oyer* à l'infinitif, comme *employer, nettoyer,* changent l'*y* en *i* devant les syllabes muettes *e, es, ent : J'emploie, tu emploies, ils nettoient.*

Dans les verbes terminés en *ayer,* comme *payer, rayer,* il vaut mieux conserver toujours l'*y : Il payera, ils rayent.*

Questionnaire.

Quand les verbes *avoir* et *être* sont-ils auxiliaires ? — Hors de là, quelle sorte de verbe est le verbe *avoir?* — Quelle sorte de verbe est le verbe *être?* — Avec quel auxiliaire se conjuguent les temps composés des verbes actifs ? — Dans quelle conjugaison la première personne singulière du présent de l'indicatif ne prend-elle pas de *s?* — Que remarquez-vous sur la première et la seconde personne plurielle du passé défini ? — L'impératif a-t-il une première personne ? — Que remarquez-vous sur les verbes passifs ?— Comment se fait leur conjugaison ?—Comment se conjuguent les verbes neutres ? — Quel auxiliaire prennent-ils le plus souvent ? — Les verbes pronominaux ont-ils une conjugaison particulière ? — Comment se conjuguent-ils dans les temps simples et dans les temps composés ?—Comment se conjuguent les verbes unipersonnels ? — Dans les verbes en *cer*, devant quelles voyelles le *c* prend-il une cédille ? — Dans les verbes en *ger*, devant quelles voyelles faut-il mettre un *e* après le *g ?* — Que remarquez-vous sur les verbes en *eler* et en *eter?*—Y a-t-il des exceptions ? — Dans quels cas les verbes terminés en *oyer* prennent-ils l'*y* ou l'*i* simple ? — Que remarquez-vous sur les verbes en *ayer?*

CHAPITRE X.

DU PARTICIPE.

130. — Le *participe* est ainsi appelé parce qu'il participe de la nature du verbe et de celle de l'adjectif. Il tient du verbe, parce qu'il en a la signification et le complément : *un enfant AIMANT l'étude ; un enfant CHÉRI de son père ;* il tient de l'adjectif, parce qu'il qualifie le nom auquel il se rapporte : *un pays CIVILISÉ ; une terre INCONNUE.*

131. — Il y a deux sortes de participes : le *participe présent* et le *participe passé.*

DU PARTICIPE PRÉSENT.

132. — Le *participe présent* est toujours terminé par *ant*, et il est invariable ; il n'a ni genre ni nombre, et par conséquent il est tout à la fois du masculin et du féminin, du singulier et du pluriel.

Dans ces exemples : *les hirondelles VOLANT sur le lac, les généraux DONNANT des ordres,* les mots *volant* et *donnant* sont des participes présents.

133. — Il ne faut pas confondre le participe présent, qui est toujours invariable, avec l'adjectif verbal, qui prend le genre et le nombre. Ainsi dans cette phrase : *les lois obligeant tous*

les citoyens, *obligeant* est participe présent ; et dans cette autre phrase : *ces hommes sont obligeants*, *obligeants* est adjectif verbal.

134.—Le participe présent marque une manière d'être accidentelle ou passagère ; il exprime une action faite par le mot qu'il modifie, comme *marchant, frappant,* ou une opération de l'esprit, comme *pensant, désirant.* L'adjectif verbal exprime une qualité, une aptitude, ce qui indique un état permanent.

DU PARTICIPE PASSÉ.

135.—Le *participe passé* prend différentes terminaisons ; il s'accorde en genre et en nombre avec le mot qu'il qualifie.

Dans ces exemples : *les livres LUS, les contrées VISITÉES, la lettre REÇUE,* les mots *lus, visitées, reçue,* sont des participes passés.

ACCORD DU PARTICIPE PASSÉ.

136. — Le participe passé, employé sans auxiliaire, s'accorde, comme l'adjectif, en genre et en nombre avec le nom ou le pronom qu'il modifie : *que de remparts DÉTRUITS ! que de villes FORCÉES !*

137. — Le participe passé, employé avec l'auxiliaire *avoir,* dans les temps composés d'un verbe actif, s'accorde en genre et en nombre avec le complément direct, quand il est précédé de ce complément : et il reste in-

variable, quand il n'en est pas précédé : *Dieu NOUS a EXAUCÉS; les prières QUE Dieu a EXAUCÉES; Dieu a EXAUCÉ nos PRIÈRES.*

Le complément qui précède le participe est toujours un des pronoms *que, me, te, se, le, la, les, nous, vous,* ou un nom précédé de *quel, que de, combien de.*

138. — Le participe passé, employé avec l'auxiliaire *être* dans les verbes passifs, s'accorde toujours en genre et en nombre avec le sujet du verbe : *la vertu obscure est souvent MÉPRISÉE.*

139. — Le participe passé, employé dans les temps composés des verbes neutres, s'accorde en genre et en nombre avec le sujet, quand il est accompagné de l'auxiliaire *être*, mais il reste invariable s'il est accompagné de l'auxiliaire *avoir : Ils SONT VENUS à bout de leur entreprise; nos mauvaises actions nous ONT NUI.*

140. — Le participe passé des verbes pronominaux est variable et s'accorde quand il est précédé de son complément direct, et il reste invariable lorsqu'il en est suivi : *Ils se sont APERÇUS de leur erreur ; ils se sont PARTAGÉ l'héritage paternel.*

141. — Le participe passé, quand il forme avec l'auxiliaire ce que l'on appelle un verbe unipersonnel, est toujours invariable : *Les froids qu'il y a EU; il est ARRIVÉ de grands malheurs.*

Questionnaire.

Pourquoi le participe est-il ainsi appelé ? — Comment tient-il du verbe ? — Comment tient-il de l'adjectif ? — Combien y a-t-il de sortes de participes ? — Quelle est la nature du participe présent ? — Quelle différence y a-t-il entre le participe présent et l'adjectif verbal ?—Quelle est la nature du participe passé ? — Comment s'accorde le participe passé employé sans auxiliaire ? — Dans quel cas le participe passé employé avec le verbe *avoir* dans les temps composés d'un verbe actif s'accorde-t-il ? — Dans quel cas reste-il invariable ?—Comment s'accorde le participe passé employé avec le verbe *être* dans les verbes passifs ? employé dans les temps des verbes neutres ? avec les verbes pronominaux ? avec un verbe unipersonnel.

CHAPITRE XI.

DE L'ADVERBE. — DE LA PRÉPOSITION.

DE L'ADVERBE.

142. — L'*adverbe* est un mot invariable qui se joint à un verbe, à un adjectif et même à un autre adverbe, pour en modifier la signification.

143. — On distingue différentes sortes d'adverbes :

Les adverbes de manière, qui indiquent de quelle manière se font les choses : *agir* SAGEMENT, *parler* ÉLOQUEMMENT.

Les adverbes de lieu, qui indiquent l'endroit, la place, le lieu : *venez* ICI, *allez* AILLEURS.

Les adverbes de temps, qui désignent le moment où les choses se sont faites, se font ou se feront : *il est parti HIER, il reviendra DEMAIN.*

Les adverbes de quantité, qui servent à marquer la quantité des choses ou leur valeur : *il parle BEAUCOUP, il travaille PEU.*

Les adverbes de comparaison, qui établissent un rapport entre deux objets : *il est PLUS grand que vous, mais il est MOINS sage.*

Les adverbes d'ordre, qui expriment la manière dont les choses sont arrangées les unes à l'égard des autres : *vous viendrez D'ABORD chez moi, ENSUITE nous sortirons.*

144.—Les principaux adverbes sont : *Ailleurs, alors, assez, aujourd'hui, aussitôt, autrefois, beaucoup, bien, bientôt, dedans, dehors, déjà, demain, ensuite, ici, jamais, là, loin, même, mieux, moins, où, partout, plus, plutôt, presque, souvent, tant, tantôt, toujours, très, trop.*

DE LA PRÉPOSITION.

145.—La *préposition* est un mot invariable qui sert à exprimer les rapports que certains mots ont entre eux.

Les prépositions n'ont d'elles-mêmes qu'un sens incomplet ; elles exigent toujours après elles un mot qui en complète la signification. Ce mot, placé immédiatement à leur suite,

4

se nomme le complément de la préposition ; et la préposition réunie à son complément forme le complément indirect.

146. — Les prépositions expriment des rapports différents, dont les principaux sont :

Rapport de lieu : *être A Londres, CHEZ soi, DANS le jardin.*

Rapport d'ordre et de temps : *il est arrivé AVANT vous, DEPUIS ce matin.*

Rapport de but : *POUR son pays, ENVERS son père.*

Rapport d'opposition : *CONTRE lui, MALGRÉ moi.*

Une même préposition peut être employée pour exprimer plusieurs sortes de rapports ; ainsi dans les exemples suivants : *aller A Versailles ; passer A gauche ; sauter A pieds joints,* la préposition *à* exprime tour à tour des rapports de but, de position et de manière.

147. — Les principales prépositions sont : *à, après, avant, avec, chez, contre, dans, de, depuis, derrière, dès, devant, durant, en, entre, envers, hors, malgré, outre, par, parmi, pendant, pour, sans, selon, sous, suivant, sur, touchant, vers.*

Questionnaire.

Qu'est-ce que l'adverbe ? — Y a-t-il différentes sortes d'adverbes ? — Qu'indiquent les adverbes de manière ? les adverbes de lieu ? les adverbes de temps ? les adverbes de quantité ? les adverbes de comparaison ? les adverbes d'ordre ? — Nommez les principaux adverbes. — A quoi sert la préposition ? — Les prépositions ont-elles par elles-mêmes un sens complet ? — Qu'exigent-elles après elles ? — Que forment-elles réunies à leur complément ? — Nommez les principales prépositions. — Quels sont les rapports divers exprimés par les prépositions ?

CHAPITRE XII.

DE LA CONJONCTION. — DE L'INTERJECTION.

DE LA CONJONCTION.

148. — La *conjonction* est un mot invariable qui sert à lier une proposition ou une partie de phrase à une autre proposition : *il loue ET bénit Dieu ; c'est un plaisir QUE d'obliger ses amis.*

149. — Quoique la conjonction se place quelquefois au commencement de la phrase, elle remplit toujours sa fonction, qui est de lier une partie de phrase à une autre partie de phrase. Si je dis : *QUAND on connaît ses défauts, il faut s'en corriger ;* cette phrase équivaut à celle-ci : *il faut se corriger de ses défauts quand on les connaît.*

150. — Les principales conjonctions sont : *car, comme, donc, et, lorsque, mais, ni, or, ou, pourquoi, puis, puisque, quand, que, quoique, si,* etc.

DE L'INTERJECTION.

151. — L'*interjection* ou *exclamation* est un mot invariable qui sert à exprimer les sensations vives et subites de l'âme : *Ah ! quelle joie ! Hélas ! quelle douleur ! Oh ! quel beau spectacle !*

152. — Les principales interjections sont : *ah! bah! chut! eh! fi! holà ! hélas! hem! hé! oh ! ouf!* Ces diverses interjections marquent la douleur, la tristesse, la joie, le désir, la crainte, le mépris, la surprise, l'admiration.

153. — Divers autres mots sont aussi employés comme interjections, tels que *allons! bon! courage ! ciel ! Dieu! ferme! gare! paix!*

Questionnaire.

Qu'est-ce que la conjonction ? — A quoi sert-elle ? — La conjonction n'est-elle pas quelquefois placée au commencement de la phrase ? — Remplit-elle alors sa fonction, qui est de joindre deux propositions? — Quelles sont les principales conjonctions? — Qu'est-ce que l'interjection ? — Quelles sont les principales interjections ? — N'y a-t-il pas des mots variables employés comme interjections ?

CHAPITRE XIII.

DE L'ORTHOGRAPHE.

154. — L'Orthographe est la manière d'écrire correctement les mots d'une langue, c'est-à-dire d'après les principes de la grammaire et suivant l'usage généralement adopté.

155. — Il y a ainsi deux sortes d'orthographe, l'une appelée *orthographe de principe*, qui s'applique plus particulièrement à la désinence des mots, l'autre appelée *orthographe d'usage*, qui porte principalement sur le radical des mots.

156. — L'orthographe de principe est fondée sur les principes mêmes de la langue, et on peut en donner des règles générales : telle est l'orthographe des noms par rapport aux genres et aux nombres, et celle des verbes par rapport aux temps et aux personnes.

157. — L'orthographe d'usage n'a pas de règles certaines, et les syllables des mots s'écrivent de telle ou telle manière, sans autre motif que l'usage.

DE L'ORTHOGRAPHE D'USAGE.

158. — La lecture, l'usage et le dictionnaire peuvent seuls donner la connaissance de l'ortho\ graphe d'usage. Il suffira d'établir ici quelques principes généraux basés sur la *distinction des genres*, sur la *désinence*, sur la *dérivation* et sur la *réduplication des consonnes*.

DE LA DISTINCTION DES GENRES.

159. — De la distinction des genres résultent quelques principes qui peuvent s'appliquer à un très-grand nombre de mots.

160. — On écrit avec un *e* muet final les noms féminins terminés par les sons *ai*, *i*, *u*, *eu*, *oi*, *ou*. Exemples : *claie*, *baie*, etc.; *vie*, *jalousie*; *envie*, etc.; *rue*, *vue*, *issue*, *avenue*, *revue*, etc.; *lieue*, *queue*, etc.; *joie*, *proie*, *soie*, *courroie*, etc.; *joue*, *roue*, *boue*, etc.

Excepté les mots : *paix*; *souris*, *fourmi*, *brebis*, *merci*; *tribu*, *vertu*; *foi*, *croix*, *voix*, *noix*; *toux*.

161. — On écrit aussi avec un *e* muet final les noms féminins dont le son final est *al*, *ol*, *ul*, *ir*, *oir*, *ur*. Exemples : *cabale*, *timbale*, *boussole*, *cire*, *gloire*, *culture*, etc.

DE LA DÉSINENCE.

162. — On entend par *désinence* la terminaison des mots.

163. — On écrit par *ail* tous les noms masculins qui ont cette désinence pour l'oreille, et par *aille* tous les noms féminins qui font entendre cette finale. Exemples : *éventail*, *portail*, *soupirail*, etc.; *bataille*, *muraille*, etc.

164. — On écrit par *ant* tous les participes présents des verbes, et par *ent* tous les adverbes dont la terminaison est *ment*. Exemples : *aimant, lisant, admirant, croyant*, etc. ; *également, fièrement, prudemment, lentement*, etc.

165. — On écrit par *en* tous les noms dont la prononciation amène la terminaison *ention* ou *ension*. Exemples : *attention, prétention, intention, pension, dimension*.

Excepté *expansion* qui s'écrit par *an*.

166. — On écrit par *ction* tous les mots dont la finale se prononce ainsi : Exemples : *action, direction, instruction, inspection*, etc.

Excepté : *complexion, flexion, fluxion, génuflexion, inflexion* et *réflexion*.

167. — On écrit par *eindre* tous les verbes qu'on prononce ainsi à l'infinitif, tels que *enfreindre, ceindre, peindre*, etc.

Excepté : *craindre, contraindre, plaindre*.

168. — On écrit par *eur* tous les noms dont la finale se prononce ainsi, tels que *odeur, liqueur, senteur, bonheur*, etc.

Excepté : *heure, demeure, beurre* et *leurre*, qui se terminent par un *e* muet.

DE LA DÉRIVATION.

169. — On entend par *dérivation* la manière dont les mots naissent les uns des autres, ou l'origine d'un mot tiré d'un autre. Un grand nombre de mots sont appelés *primitifs*, parce qu'ils servent à former d'autres mots qu'on nomme *dérivés*.

170. — Les lettres finales d'un grand nombre de mots primitifs sont indiquées par les mots qui en dérivent :

Ainsi l'on écrit   à cause des dérivés.

Amas,	*Amasser.*
Affront,	*Affronter.*
Abus,	*Abuser.*
Accord,	*Accorder.*
Bond,	*Bondir.*
Drap,	*Draperie.*
Dispos,	*Disposer.*
Franc,	*Franchise.*
Faim,	*Famine.*
Goût,	*Goûter.*
Hasard,	*Hasarder.*
Marchand,	*Marchander.*
Mépris,	*Mépriser.*
Parfum,	*Parfumer.*
Rang,	*Ranger,* etc.

171. — Les mots dérivés s'écrivent comme les primitifs dans les syllabes qui ont le même son :

Reconnaissant,	*Reconnaissance.*
Décent,	*Décence.*
Abondant,	*Abondance.*
Indulgent,	*Indulgence.*

172. — Le principe de la dérivation s'applique à un très-grand nombre de mots ; mais il y a aussi des exceptions que l'usage seul peut apprendre. Ainsi, pour ne citer que quelques exemples, les mots primitifs *abri*, *dépôt*, *honneur*, *intérêt*, s'écrivent de cette manière, quoiqu'ils aient pour dérivés, *abriter*, *déposer*, *honorer*, *intéresser*.

DE LA RÉDUPLICATION DES CONSONNES.

173. — Il y a des cas où certaines consonnes se doublent, et il est important de connaître les principales règles qui peuvent être posées à cet égard.

174. — *B* se double dans les mots *abbé*, *sabbat*, et les dérivés.

175. — *D* se double dans les mots *addition*, *reddition*, et les dérivés.

176. — *F* se double dans les mots qui commencent par *af* ou par *ef*, sauf quelques exceptions : *affable*, *affirmer*, *effrayer*, *effet*, *effroi* ; — dans les mots qui commencent par *dif*, *of* et *suf* : *difficile*, *offense*, *suffisant*, etc., sans exceptions ; — dans les mots qui commencent par *souf* : *souffler*, *souffrir*, etc. ; excepté *soufre*, et les dérivés.

177. — *G* se double dans les mots *aggraver*, *agglomérer*, *suggérer*, et les dérivés.

178. — *L* doit se doubler dans les mots qui commencent par *il* : *illégal*, *illusion*, *illustration*, etc. Excepté : *île*.

179. — *M* se double dans les mots qui commencent par *com*, *im* : *commander*, *commerce*, *immobile*, *immortel*. Excepté : *comédie*, *comité*, *comestible*, *comique*, *image*, *imiter*, et leurs dérivés.

180. — *R* doit se doubler dans les mots en *ir* : *irrégulier*, *irritable*, *irréparable*, etc. Excepté : *irascible*, *ironie*.

181. — *S* doit se doubler quand il a le son dur entre deux voyelles comme : *assassin*, *chasser*. Excepté : *désuétude*, *vraisemblance*, et autres mots composés.

182. — *T* se double généralement dans les mots commençant par *at* : *attaquer*, *attachement*, *attention*, *attirer*, *attrister*, etc. Excepté : *atome*, *atelier*, *atroce*, *athlète*, *athée*, *atlas*, *atmosphère*, *atours*, *atout*, *âtre*.

183. — Les consonnes *h*, *j*, *k*, *q*, *v*, *x* ne se doublent jamais.

184. — Les consonnes ne se doublent pas après un *e* muet : *acheter*, *chanceler*, *semer*, etc.

185. — Les consonnes ne se doublent pas après une voyelle marquée d'un accent : *vérité*, *éternité*, *sévère*, *modèle*, *blâme*, *tête*, etc. Excepté : *châsse*, *châssis* et les dérivés de ces deux mots.

DES MAJUSCULES.

186. — On doit commencer par une majuscule ou grande lettre. chaque phrase, chaque vers.

tous les noms propres d'hommes, de lieux, de villes, de peuples, de montagnes, de mers, de rivières. Exemples : *Alexandre, la France, Paris, les Américains, les Alpes, la Méditerranée, la Seine.*

187. — On ne doit pas employer la majuscule si les mots désignant un pays, un peuple, sont employés comme adjectifs. Exemples : *la langue française, le peuple romain.*

188. — Le nom *Dieu*, quand il désigne individuellement l'Etre suprême, doit avoir une majuscule : *la crainte de Dieu est le commencement de la sagesse.* Mais le nom *dieu* s'écrit avec une petite lettre s'il est appliqué aux fausses divinités du paganisme : *Le nombre des dieux que les païens ont adorés est fort considérable.*

189. — Les mots *saint* et *grand* s'écrivent avec une lettre majuscule lorsqu'ils entrent dans la composition d'un nom propre et en font partie : *la porte Saint-Antoine; Henri le Grand.*

190. — Les mots *nord, sud, orient,* etc., désignant les points cardinaux, s'écrivent avec une petite lettre. Mais ces mêmes mots prennent une majuscule, lorsqu'ils expriment une certaine étendue de pays, comme dans les exemples suivants : *il a voyagé dans le Nord; l'Amérique du Sud; les perles d'Orient.*

Questionnaire.

Qu'est-ce que l'orthographe? — Qu'appelle-t-on orthographe de principe? orthographe d'usage?—Quels sont les noms féminins qu'il faut écrire par un *e* muet final? — Quelles sont les exceptions? — Qu'est-ce que la désinence? — Quels sont les noms qui ont la terminaison *ail* et ceux qui ont la terminaison *aille?* — Quels mots faut-il écrire par *ant* et par *ent?* — Comment faut-il écrire les mots dont la terminaison est *ention* ou *ension?* — Y a-t-il exception?—Quels sont les mots terminés en *ction?* en *cindre?* en *eur?* — Quelles sont les exceptions pour ces trois cas?—Qu'entend-on par dérivation?—Par quoi est indiquée la consonne finale des mots primitifs?— Dans quels mots se doublent les consonnes *b, d?* — Dans quels mots double-t-on la consonne *f?* la consonne *g?* la consonne *l?* la consonne *m?* la consonne *r?* la consonne *s?* la consonne *t?* — Quels sont les cas où les consonnes ne se doublent jamais? — Quels sont les cas divers où les mots doivent commencer par une lettre majuscule?—Dans quel cas les mots *dieu, saint* et *grand* s'écrivent-ils avec une grande lettre? — Dans quel cas les mots *nord, sud, orient* prennent-ils une grande lettre?

CHAPITRE XIV.

DES SIGNES ORTHOGRAPHIQUES.

191. — Les principaux signes orthographiques usités dans la langue française sont les *accents*, l'*apostrophe*, la *cédille*, le *tréma* et le *trait d'union*.

192. — Les *accents* sont des signes qui se mettent sur une voyelle, soit pour en faire connaître la véritable prononciation, soit pour faire distinguer le sens d'un mot d'avec celui

d'un autre mot qui s'écrit de la même manière.

193. — Il y a, comme on l'a déjà vu, trois sortes d'accents : l'accent *aigu* ('), l'accent *grave* (`) et l'accent *circonflexe* (^).

194. — L'accent *aigu* (') se met sur tous les *e* fermés qui terminent la syllabe ou qui sont seulement suivis d'un *s*, comme signe du pluriel : *la bonté, la vérité, les prés émaillés*.

195. — L'accent *grave* (`) se met sur tous les *e* ouverts qui terminent la syllabe, ou qui sont suivis d'un *s* qui achève le mot : *père, prophète, procès, progrès*.

L'*e* est toujours ouvert lorsqu'il termine la syllabe et qu'il est suivi d'une consonne et d'un *e* muet : *il espère, modèle*. Il faut en excepter les mots en *ège*, comme *collége, sacrilège*, et ces phrases : *aimé-je, dussé-je*, dans les quelles l'*e* est fermé.

On se sert encore de l'accent grave dans les mots : *çà, deçà, en deçà, déjà, holà, voilà*, et dans *à* et *dès* prépositions, *là* et *où* adverbes, pour les distinguer de *a* verbe, de *des* article composé, de *la* article, et de *ou* conjonction.

196. — On emploie l'accent *circonflexe* (^), lorsque la voyelle est longue, comme dans les mots *trône, le nôtre, la vôtre, nous aimâmes*, etc., ou lorsqu'il y a suppression de lettres, comme dans les mots : *fête, hôpital, côte,*

qu'on écrivait autrefois : *feste, hospital, coste.*

197. — L'*apostrophe* est une petite virgule (') qui se met au haut des lettres pour indiquer la suppression d'une des voyelles *a, e, i.*

On supprime *a* dans *la* article ou pronom devant une voyelle ou un *h* muet : *L'envie* pour *LA envie ; je L'aime* pour *je LA aime.*

On supprime *e* dans *je, me, te, se, que, ne, ce, le,* suivis d'une voyelle ou d'un *h* muet, et dans *lorsque, quoique, puisque,* placés devant *il, elle, un, une, on : J'y vais ; il s'admire ; L'honneur ; QUOI QU'il dise.* On le supprime également dans les mots *entre* et *presque,* quand ils entrent dans la composition d'un autre mot, et dans *quelque* devant *un* ou *autre : ENTR'acte, PRESQU'île, QUELQU'un, QUELQU'autre.*

L'*i* ne se perd que dans la conjonction *si* devant *il* et *ils : s'il vient ; s'ils veulent.*

198. — La *cédille* (¸) est une espèce de petit *c* retourné que l'on place sous le *c* devant *a, o, u,* pour en adoucir la prononciation et lui donner le son de *s : français, leçon, reçu.*

199. — Le *tréma* (¨) est composé de deux points qu'on met sur les voyelles *ë, ï, ü,* pour indiquer que ces lettres doivent être séparées dans la prononciation de la voyelle qui précède ou qui suit : *Moïse, Esaü, ciguë, ambiguë, ïambe.*

200. — Le *trait d'union* (-) sert à unir deux ou plusieurs mots, de manière qu'ils n'en font plus qu'un et qu'il n'est plus permis de les

séparer dans le discours : *arc-en-ciel*, *tout-puissant*, *dix-sept*, *celui-ci*, *moi-même*, *très-bien*, etc.

201. — La *parenthèse* () s'emploie pour renfermer certains mots formant un sens distinct et séparé de celui de la phrase où ils sont insérés.

202. — Le *guillemet* («) se met au commencement et à la fin d'une citation, et souvent même au commencement de chacune des lignes qui la composent.

Questionnaire.

Quels sont les signes orthographiques ? — Combien y a-t-il de sortes d'accents ? — Où se place l'accent aigu ? — Où se met l'accent grave ? — Se place-t-il seulement sur les *e* ouverts ? — Quand emploie-t-on l'accent circonflexe ? — Qu'est-ce que l'apostrophe ? — Que marque-t-elle ? — Dans quel cas supprime-t-on l'*a* ? — Quels sont les mots dans lesquels a lieu la suppression de l'*e* ? — Devant quels mots l'*i* de la conjonction *si* se supprime-t-il ? qu'est-ce que la cédille ? — Où se place-t-elle ? — Qu'est-ce que le tréma ? — Où le place-t-on ? — A quoi sert le trait d'union ? — A quoi sert la parenthèse ? — A quoi sert le guillemet ?

CHAPITRE XV.

DE LA PONCTUATION.

203. — La ponctuation sert à marquer les pauses qu'on doit faire en lisant ; elle sert surtout à distinguer, par des signes reçus, les phrases entre elles et les différents membres dont elles sont composées.

204. — Les caractères usuels de la ponctuation sont : la *virgule* (,), le *point et virgule* (;), les *deux points* (:), le *point* (.), le *point interrogatif* (?) et le *point exclamatif* (!).

205. — La *virgule* indique la moindre de toutes les pauses.

Il faut régler ses goûts, ses travaux, ses plaisirs.

206. — Le *point et virgule* marque une pause plus forte que la virgule.

Si l'on vante dans un poëte les sentiments sublimes, c'est Corneille ; la sensibilité du cœur, c'est Racine.

207. — Les *deux points* indiquent un repos encore plus considérable que le point et virgule.

Il faut, autant qu'on peut, obliger tout le monde: on a souvent besoin d'un plus petit que soi.

208. — Le *point* marque un sens complet et absolument terminé.

Le seul délassement de Fénelon était la promenade ; encore trouvait-il le secret de la faire rentrer dans ses exercices de bienfaisance. S'il rencontrait des paysans, il se plaisait à les entretenir. On le voyait assis sur l'herbe au milieu d'eux, comme autrefois saint Louis sous le chêne de Vincennes.

209. — Le *point interrogatif* se met à la fin des phrases interrogatives.

Croyez-vous me tromper par vos paroles ? Pourquoi agissez-vous ainsi ?

210. — Le *point exclamatif* se met à la fin de toutes les phrases qui expriment la surprise, l'admiration ou quelque autre sentiment de l'âme.

Qu'un ami véritable est une douce chose! Que le Seigneur est bon! que son joug est aimable!

Questionnaire.

A quoi sert la ponctuation ? — Quels sont les signes de ponctuation ? — Qu'indique la virgule ? — Que marque le point et virgule ? — Qu'indiquent les deux points ? —Que marque le point? — Où se met le point interrogatif ? — Où se place le point exclamatif ?

CHAPITRE XVI.

DE LA PRONONCIATION.

211. — La prononciation est la manière de prononcer les lettres ou les syllabes des mots d'après l'usage généralement admis.

212. — Certaines lettres ne se prononcent pas ou se prononcent d'une manière particulière. Voici les cas principaux :

213. — La lettre *A* est nulle pour la prononciation dans les mots *Saône* (rivière) et *taon* (grosse mouche), qu'on prononce comme s'ils étaient écrits *sône*, *ton*.

214. — La lettre *E* ne se prononce pas dans le mot *Caen* (nom de ville). Cette même lettre se prononce comme un *a* dans certains mots.

tels que *femme*, *indemnité*, *solennité*, etc., et dans les adverbes terminés en *emment* comme *prudemment*, *récemment*, etc.

215. — La lettre *I* ne se prononce pas dans le mot *oignon* et *encoignure*; mais il faut faire entendre le son de cette lettre dans les mots *poignard* et *poignée*.

216. — La lettre *O* est nulle dans les mots *faon* (petit d'une biche), *Laon* (nom de ville) et *paon*, qui se prononcent comme s'ils étaient écrits *fan*, *Lan*, *pan*.

217. — La lettre *B* ne se prononce pas à la fin du mot *plomb;* elle se prononce au milieu des mots *substantif*, *subjonctif*, *subtil*, etc.

218. — La lettre *C* ne se prononce pas à la fin de certains mots, tels que *blanc*, *franc*, *jonc*, *estomac*, *tronc*, etc. Dans d'autres mots, au contraire, le *c* final se prononce comme un *k;* exemples : *bloc*, *échec*, *bec*, *choc*, etc. Cette même lettre a le son du *g* dans un petit nombre de mots, tels que *second*, *seconder* et *secrétaire*.

219. — Les lettres *CH* se prononcent comme *k* dans un assez grand nombre de mots, tels que *archange*, *chaos*, *chrétien*, *écho*, *orchestre*.

220. — La lettre *F* ne se prononce pas à la fin des mots *clef*, *cerf-volant*, *chef-d'œuvre* et dans les pluriels *bœufs*, *nerfs*, *cerfs* et *œufs;* mais elle se prononce au singulier de ces quatre derniers mots.

221. — La lettre *G* est nulle pour la prononciation dans les mots *coing*, *doigt*, *étang*, *faubourg*, *hareng*, *legs*, et *signet* qu'on prononce comme s'il était écrit *sinet*.

222. — La lettre *L* ne se prononce pas à la fin des mots *coutil*, *fusil*, *sourcil*.

223. La lettre *M* ne se prononce pas dans le mot *damner* et ses composés, ni dans le mot *automne*. Cette même lettre se prononce comme *n* dans un grand nombre de mots, tels que *nom*, *faim*, *compte*, *emploi*, *embarras*, etc.

Il faut remarquer qu'on met *m* devant *b* ou *p*, dans les mots où la prononciation semble demander un *n*. Exemples : *ambition*, *embarras*, *amplifier*, *rompre*, etc. Excepté *bonbon*, *embonpoint*.

224. — La lettre *N* double se fait sentir dans les mots *annales*, *annuel*, *innover* et ses dérivés ; mais on ne fait sentir qu'un *n* dans les mots *année*, *bannir*, *connaissance*, *ennemi*, *innocent*, *tonnerre*.

225. — La lettre *P* est nulle pour la prononciation dans les mots *baptême*, *compter*, *dompter*, *exempter*, *sculpture*, *prompt*, *sept*, et généralement dans la plupart des mots où elle se trouve entre deux consonnes.

226. — La lettre *R* ne se prononce jamais à l'infinitif des verbes de la première conjugaison, tels que *aimer*, *ordonner*, *prier*, etc. ; à moins que ces infinitifs ne soient immédiatement suivis d'un mot commençant par une voyelle ou un *h* muet, comme dans ces exemples : *aimer à lire, parler honnêtement.*

227. — La lettre *T* est nulle à la fin des mots *aspect, respect, circonspect;* mais elle se fait sentir à la fin des mots *contact, dot, direct, fat, net,* etc.

Questionnaire.

Qu'est-ce que la prononciation ? — Dans quels mots la lettre *a* est-elle nulle pour la prononciation ? — Dans quel mot la lettre *e* ne se prononce-t-elle pas ?—Dans quels cas se prononce-t-elle comme un *a* ?— Dans quels mots la lettre *i* est-elle nulle ? — Dans quels mots faut-il la prononcer ? — Quels sont les mots dans lesquels la lettre *o* ne se prononce pas? — Dans quels mots la lettre *b* se fait-elle sentir ? — Dites les divers cas dans lesquels la lettre *c* ne se prononce pas, ou se fait sentir, où se prononce comme un *g*. — Dans quels mots les lettres *ch* se prononcent-elles comme un *k* ? — La lettre *f* se prononce-t-elle toujours à la fin des mots ? — Que remarquez-vous sur la lettre *g*? sur la lettre *l*? — Dans quels mots la lettre *m* est-elle nulle ? — Dans quels mots se prononce-t-elle comme un *n* ? — Dans quels mots la lettre *n* double se fait-elle sentir? — Dans quels mots ne prononce-t-on qu'un *n* ? — Dans quels mots la lettre *p* est-elle nulle ?— Que remarquez-vous sur la lettre *r*? — Dans quels mots la lettre *t* est-elle nulle ? — Dans quels mots se fait-elle sentir ?

VERBES
IRRÉGULIERS OU DÉFECTIFS.

PREMIÈRE CONJUGAISON.

ALLER. — *Ind. Prés.*, je vais, tu vas, il va, nous allons, vous allez, ils vont ; *Imparf.*, j'allais, etc. , nous allions, etc. ; *Pas. déf.* , j'allai, tu allas, il alla, nous allâmes, vous allâtes, ils allèrent ; *Pas. indéf.*, je suis allé, etc. , nous sommes allés, etc. ; *Fut.*, j'irai, tu iras, il ira, nous irons, vous irez, ils iront. — *Cond. Prés.*, j'irais, tu irais, il irait, nous irions, vous iriez, ils iraient. — *Impér.*, va, allons, allez. — *Subj. Prés.*, que j'aille, etc., que nous allions, que vous alliez, qu'ils aillent ; *Imparf.*, que j'allasse, etc. , que nous allassions, etc. — *Infin.* , aller, être allé ; *Part.* allant, allé.

ENVOYER. — *Ind. Prés.*, j'envoie, etc., nous envoyons, etc. ; *Imparf.* , j'envoyais, etc. , nous envoyions, etc. ; *Pas. déf.*, j'envoyai, etc., nous envoyâmes, etc. ; *Fut.*, j'enverrai, tu enverras, il enverra, nous enverrons, vous enverrez, ils enverront. — *Cond. Prés.* , j'enverrais, tu enverrais, il enverrait, nous enverrions, vous enverriez, ils enverraient. — *Impér.*, envoie, envoyons, envoyez. — *Subj. Prés.* , que j'envoie, etc. , que nous envoyions, que vous envoyiez, qu'ils envoient ; *Imparf.*, que j'envoyasse, etc. , que nous envoyassions, etc. — *Infin.*, envoyer ; *Part.*, envoyant, envoyé.

Ainsi se conjugue *renvoyer*.

DEUXIÈME CONJUGAISON.

ABSTENIR (s'). Voyez *Venir*.

ACQUÉRIR. — *Ind. Prés.*, j'acquiers, tu acquiers, il acquiert, nous acquérons, vous acquérez, ils acquièrent; *Imparf.*, j'acquérais, etc., nous acquérions, etc.; *Pas. déf.*, j'acquis, etc., nous acquîmes, etc.; *Fut.*, j'acquerrai, tu acquerras, il acquerra, nous acquerrons, vous acquerrez, ils acquerront. — *Cond. Prés.*, j'acquerrais, etc., nous acquerrions, etc. — *Impér.*, acquiers, acquérons, acquérez. — *Subj. Prés.*, que j'acquière, que tu acquières, qu'il acquière, que nous acquérions, que vous acquériez, qu'ils acquièrent; *Imparf.*, que j'acquisse, etc., que nous acquissions, etc. — *Infin.*, acquérir; *Part.*, acquérant, acquis.

Ainsi se conjuguent *requérir*, *conquérir*.

BÉNIR. — Ce verbe n'est irrégulier que dans l'un de ses deux *participes passés : bénit, bénite*, employé lorsqu'il s'agit de choses qui ont reçu la bénédiction religieuse avec les cérémonies d'usage : *pain bénit, eau bénite*. Le second : *béni, bénie*, est régulier et se dit surtout des personnes : *vous êtes bénie entre toutes les femmes.*

COURIR. — *Ind. Prés.*, je cours, tu cours, il court, nous courons, vous courez, ils courent; *Imparf.*, je courais, etc., nous courions, etc.; *Pas. déf.*, je courus, etc., nous courûmes, etc.; *Fut.*, je courrai, tu courras, il courra, nous courrons, vous courrez, ils courront. — *Cond. Prés.*, je courrais, etc., nous courrions, etc. — *Impér.*, cours, courons, courez. — *Subj. Prés.*, que je coure, que tu coures, qu'il coure, que nous courions, que vous couriez, qu'ils courent; *Imparf.*, que je courusse, etc., que nous courussions, etc. — *Infin.*, courir; *Part.*, courant, couru.

Ainsi se conjuguent *concourir*, *discourir*, *parcourir*, *secourir*.

CUEILLIR. — *Ind. Prés.*, je cueille, tu cueilles, il cueille, nous cueillons, vous cueillez, ils cueillent ; *Imparf.*, je cueillais, etc., nous cueillions, etc. ; *Pas. déf.*, je cueillis, etc., nous cueillîmes, etc. ; *Futur.*, je cueillerai, etc., nous cueillerons, etc. — *Cond. Prés.*, je cueillerais, etc., nous cueillerions, etc. — *Impér.*, cueille, cueillons, cueillez. — *Subj. Prés.*, que je cueille, etc., que nous cueillions, etc. ; *Imparf.*, que je cueillisse, etc., que nous cueillissions, etc. — *Infin.*, cueillir ; *Part.*, cueillant, cueilli.

Ainsi se conjuguent *accueillir, recueillir.*

DORMIR. Voyez *Mentir.*

FAILLIR. — Plusieurs temps de ce verbe, tels que le *présent de l'indicatif,* l'*imparfait* et le *futur* sont peu usités. — *Ind. Prés.*, je faux, tu faux, il faut, nous faillons, vous faillez, ils faillent ; *Imparf.*, je faillais, tu faillais, il faillait, nous faillions, vous failliez, ils faillaient ; *Pas. déf.*, je faillis, etc., nous faillîmes, etc. ; *Fut.*, je faillirai, etc., nous faillirons, etc. — *Impér.*, faille, faillez. — *Subj. Prés.*, que je faille, que nous faillions, etc. ; *Imparf.*, que je faillisse, etc, que nous faillissions, etc. — *Infin.*, faillir ; *Part*, faillant, failli.

FUIR. — *Ind. Prés.*, je fuis, tu fuis, il fuit, nous fuyons, vous fuyez, ils fuient ; *Imparf.*, je fuyais, etc., nous fuyions, etc. ; *Pas. déf.*, je fuis, etc., nous fuîmes, etc. ; *Fut.* je fuirai, etc., nous fuirons, etc.—*Cond. Prés.*, je fuirais, etc, nous fuirions, etc. — *Impér.*, fuis, fuyons, fuyez. — *Subj. Prés.*, que je fuie, etc., que nous fuyions, que vous fuyiez, qu'ils fuient ; *Imparf.*, que je fuisse, etc., que nous fuissions, etc. — *Infin.*, fuir ; *Part.*, fuyant, fui.

Ainsi se conjugue *s'enfuir,* qui, dans les temps composés, prend le verbe *être.*

MENTIR. — *Ind. Prés.*, je mens, tu mens, il ment, nous mentons, vous mentez, ils mentent ; *Imparf.*, je mentais, etc., nous mentions, etc. ; *Pas. déf.*, je mentis, etc., nous mentîmes, etc. ; *Fut.*, je mentirai, etc., nous mentirons, etc.—*Cond. Prés.*, je mentirais, etc., nous mentirions, etc. — *Impér.*, mens, mentons, mentez. —*Subj. Prés.*, que je mente, etc., que nous mentions, etc. ; *Imparf.*, que je mentisse, etc., que nous mentissions, etc.— *Infin.*, mentir ; *Part.*, mentant, menti.

Ainsi se conjuguent *démentir, sentir, consentir, dormir, servir, sortir, partir, se repentir, s'endormir.* Les quatre derniers prennent l'auxiliaire *être* dans leurs temps composés.

Mourir. — Ce verbe prend le verbe *être* dans les temps composés.—*Ind. Prés.*, je meurs, tu meurs, il meurt, nous mourons, vous mourez, ils meurent ; *Imparf.*, je mourais, etc., nous mourions, etc. ; *Pas. déf.*, je mourus, etc., nous mourûmes, etc. ; *Pas. indéf.*, je suis mort, etc. ; nous sommes morts, etc., *Fut.*, je mourrai, etc., nous mourrons, etc. — *Cond. Prés.*, je mourrais, etc., nous mourrions, etc. —*Impér.*, meurs, mourons, mourez.— *Subj. Prés.*, que je meure, etc., que nous mourions, que vous mouriez, qu'il meurent ; *Imparf.*, que je mourusse, etc., que nous mourussions, etc. — *Infin.*, mourir ; *Part.*, mourant, mort.

Offrir. — *Ind. Prés.*, j'offre, tu offres, il offre, nous offrons, vous offrez, ils offrent ; *Imparf.*, j'offrais, etc., nous offrions, etc. ; *Pas. déf.*, j'offris, etc., nous offrimes, etc. ; *Fut.*, j'offrirai, etc., nous offrirons, etc. —*Cond. Prés.*, j'offrirais, etc., nous offririons, etc.— *Impér.*, offre, offrons, offrez. — *Subj. Prés.*, que j'offre, etc., que nous offrions, etc.; *Imparf.*, que j'offrisse, etc., que nous offrissions, etc. — *Infin.*, offrir ; *Part.*, offrant, offert.

Ainsi se conjuguent *couvrir, découvrir, ouvrir, souffrir.*

Ouvrir. Voyez *Offrir.*
Partir. Voyez *Mentir.*
Sentir. Voyez *Mentir.*
Sortir. Voyez *Mentir.*
Souffrir. Voyez *Offrir.*
Tenir. Voyez *Venir.*

VENIR. — Ce verbe et ses dérivés se conjuguent avec *être*, excepté *prévenir* et *subvenir* qui prennent *avoir*. — *Ind. Prés.*, je viens, tu viens, il vient, nous venons, vous venez, ils viennent ; *Imparf.*, je venais, etc., nous venions, etc. ; *Pas. déf.*, je vins, etc., nous vînmes, etc. ; *Pas. indéf.*, je suis venu, etc., nous sommes venus, etc. ; *Futur.*, je viendrai, etc., nous viendrons, etc. — *Cond. Prés.*, je viendrais, etc., nous viendrions, etc. — *Impér.*, viens, venons, venez. — *Subj. Prés.*, que je vienne, etc., que nous venions, que vous veniez, qu'ils viennent ; *Imparf.*, que je vinsse, etc., que nous vinssions, etc. — *Infin.*, venir ; *Part.*, venant, venu.

Ainsi se conjuguent *convenir, devenir, parvenir, prévenir, se souvenir. Tenir, contenir, maintenir, obtenir, soutenir,* qui se conjuguent aussi sur *venir,* prennent *avoir* dans les temps composés.

VÊTIR. — *Ind. Prés.*, je vêts, tu vêts, il vêt, nous vêtons, vous vêtez, ils vêtent ; *Imparf.*, je vêtais, etc., nous vêtions, etc. ; *Pas. déf.*, je vêtis, etc., nous vêtîmes, etc. ; *Pas. indéf.*, j'ai vêtu, etc., nous avons vêtu, etc. ; *Fut.*, je vêtirai, etc., nous vêtirons, etc.—*Cond. Prés.*, je vêtirais, etc., nous vêtirions, etc. — *Impér.*, vêts, vêtons, vêtez. — *Subj. Prés.*, que je vête, etc., que nous vêtions, etc. ; *Imparf.*, que je vêtisse, etc., que nous vêtissions, etc. — *Infin.*, vêtir ; *Part.*, vêtant, vêtu.

Ainsi se conjugue *revêtir*.

TROISIÈME CONJUGAISON.

ASSEOIR. — *Ind. Prés.*, j'assieds, tu assieds, il assied, nous asseyons, vous asseyez, ils asseyent ; *Imparf.*, j'asseyais, etc., nous asseyions, etc. ; *Pas. déf.*, j'assis, etc., nous assîmes, etc. ; *Pas. indéf.*, j'ai assis, etc., nous avons assis, etc. ; *Fut.*, j'assiérai, etc., nous assiérons, etc. ; on dit aussi : j'asseyerai, etc., nous asseyerons, etc. — *Cond. Prés.*, j'assiérais, etc., nous assiérions, etc. ; on dit aussi : j'asseyerais, etc., nous asseyerions, etc.—*Impér.*, assieds, asseyons, asseyez. — *Subj. Prés.*, que j'asseye, que nous asseyions, que vous asseyiez, qu'ils asseyent ; *Imparf.*, que j'assisse, etc., que nous assissions, etc. — *Infin.*, asseoir ; *Part.*, asseyant, assis. — Ce verbe se conjugue aussi quelquefois de la manière suivante : *Ind. Prés.*, j'assois, tu assois, il assoit, nous assoyons, vous assoyez, ils assoient ; *Imparf.*, j'assoyais, etc. ; mais cette manière n'a point encore passé dans l'usage écrit.

Ainsi se conjugue *s'asseoir*, qui prend le verbe *être* dans les temps composés.

FALLOIR. — *Ind. Prés.*, il faut ; *Imparf.*, il fallait ; *Pas. déf.*, il fallut ; *Pas. indéf.*, il a fallu ; *Fut.*, il faudra. — *Cond. Prés.*, il faudrait. — *Subj. Prés.*, qu'il faille ; *Imparf.*, qu'il fallût. — *Infin.*, falloir ; *Part.*, fallu.

MOUVOIR. — *Ind. Prés.*, je meus, tu meus, il meut, nous mouvons, vous mouvez, ils meuvent ; *Imparf.*, je mouvais, etc., nous mouvions, etc.; *Pas. déf.*, je mus, etc., nous mûmes, etc. ; *Pas. ind.*, j'ai mû, etc., nous avons mû, etc.; *Fut.*, je mouvrai, etc., nous mouvrons. etc. —*Cond. Prés.*, je mouvrais, nous mouvrions, etc. — *Impér.*, meus, mouvons, mouvez. — *Subj. Prés.*, que je meuve, que tu meuves, qu'il meuve, que nous mouvions, que vous mouviez, qu'ils meuvent ; *Imparf.*, que je musse, etc., que nous mussions, etc, — *Infin.*, mouvoir ; *Part.*, mouvant, mû.

POUVOIR. — *Ind. Prés.*, je peux ou je puis, tu peux, il peut, nous pouvons, vous pouvez, ils peuvent ; *Imparf.*, je pouvais, etc., nous pouvions, etc. ; *Pas. déf.*, je pus, etc., nous pûmes, etc. ; *Fut.*, je pourrai, etc., nous pourrons, etc. — *Cond. Prés.*, je pourrais, etc., nous pourrions, etc. — *Impér.*, inusité. — *Subj. Prés.*, que je puisse, etc., que nous puissions, etc. ; *Imparf.*, que je pusse, etc., que nous pussions, etc. — *Infin.*, pouvoir ; *Part.*, pouvant, pu.

SAVOIR. — *Ind. Prés.*, je sais, tu sais, il sait, nous savons, vous savez, ils savent ; *Imparf.*, je savais, etc., nous savions, etc. ; *Pas. déf.*, je sus, etc.; nous sûmes, etc.; *Fut.*, je saurai, etc., nous saurons, etc.—*Cond. Prés.*, je saurais, etc., nous saurions, etc. — *Impér.*, sache, sachons, sachez. — *Subj. Prés.*, que je sache, etc., que nous sachions, etc.; *Imparf.*, que je susse, etc., que nous sussions, etc.—*Infin.*, savoir; *Part.*, sachant, su.

VALOIR.—*Ind. Prés.*, je vaux, tu vaux, il vaut, nous valons, vous valez, ils valent; *Imparf.*, je valais, etc., nous valions, etc.; *Pas. déf.*, je valus, etc., nous valûmes, etc.; *Fut.*, je vaudrai, etc., nous vaudrons, etc.—*Cond. Prés.*, je vaudrais, etc., nous vaudrions, etc. — *Impér.*, vaux, valons, valez. — *Subj. Prés.*, que je vaille, que tu vailles, qu'il vaille, que nous valions, que vous valiez, qu'ils vaillent; *Imparf.*, que je valusse, etc., que nous valussions, etc. — *Infin.*, valoir; *Part.*, valant, valu.

Équivaloir se conjugue de même, mais *prévaloir* fait au *subj. prés.*, que je prévale, que tu prévales, etc.

VOIR. — *Ind. Prés.*, je vois, tu vois, il voit, nous voyons, vous voyez, ils voient; *Imparf.*, je voyais, etc., nous voyions, etc.; *Pas., déf.*, je vis, etc., nous vîmes, etc.; *Fut.*, je verrai, etc., nous verrons, etc. —*Cond. Prés.*, je verrais, etc., nous verrions, etc. —*Impér.*, vois, voyons, voyez. — *Subj. Prés.*, que je voie, etc., que nous voyions, etc.; *Imparf.*, que je visse, etc., que nous vissions, etc. — *Infin.*, voir; *Part.*, voyant, vu.

Ainsi se conjuguent *revoir, entrevoir. Prévoir,* fait au *fut.* et au *cond. prés.* : je prévoirai, je prévoirais. *Pourvoir,* fait au *pas. déf.*, je pourvus, tu pourvus, etc. ; au *fut.* et au *cond. prés.*, je pourvoirai, je pourvoirais ; et à l'*imparf. du subj.*, que je pourvusse.

VOULOIR.— *Ind. Prés.*, je veux, tu veux, il veut, nous voulons, vous voulez, ils veulent; *Imparf.*, je voulais, etc., nous voulions, etc.; *Pas. déf.*, je voulus, etc., nous voulûmes, etc. ; *Fut.*, je voudrai, etc., nous voudrons, etc.—*Cond. Prés.*, je voudrais, etc., nous voudrions, etc. — *Impér.*, veuille, veuillons, veuillez. — *Subj. Prés.*, que je veuille, etc., que nous voulions, que vous vouliez, qu'ils veuillent ; *Imparf.*, que je voulusse, etc., que nous voulussions, etc.—*Infin.*, vouloir ; *Part.*, voulant, voulu.

QUATRIÈME CONJUGAISON.

Absoudre. Voyez *Résoudre*.

Battre. — *Ind. Prés.*, je bats, tu bats, il bat, nous battons, vous battez, ils battent ; *Imparf.*, je battais, etc., nous battions, etc. ; *Pas. déf.*, je battis, etc., nous battîmes, etc. ; *Fut.*, je battrai, etc., nous battrons, etc.—*Cond. Prés.*, je battrais, etc., nous battrions, etc.—*Impér.*, bats, battons, battez. — *Subj. Prés.*, que je batte, etc., que nous battions, etc. ; *Imparf.*, que je battisse, etc., que nous battissions, etc.—*Infin.*, battre ; *Part.*, battant, battu.

Ainsi se conjuguent *abattre, combattre*.

Boire. — *Ind. Prés.*, je bois, tu bois, il boit, nous buvons, vous buvez, ils boivent ; *Imparf.*, je buvais, etc., nous buvions, etc. ; *Pas. déf.*, je bus, etc., nous bûmes, etc. ; *Fut.*, je boirai, etc., nous boirons, etc.—*Cond. Prés.*, je boirais, etc., nous boirions, etc. — *Impér.*, bois, buvons, buvez. —*Subj. Prés.*, que je boive, etc., que nous buvions, que vous buviez, qu'ils boivent ; *Imparf.*, que je busse, etc., que nous bussions, etc. — *Infin.*, boire ; *Part.*, buvant, bu.

Clore. —Ce verbe n'a que le *participe passé*, clos ; les trois personnes singulières du *prés. de l'ind.*, je clos, tu clos, il clôt ; le *fut.*, je clorai, tu cloras, etc. ; le *cond. prés.*, je clorais, etc., et l'*impér.* singulier, clos.

Conclure. — *Ind. Prés.* je conclus, tu conclus, il conclut, nous concluons, vous concluez, ils concluent ;

Imparf., je concluais, etc., nous concluïons, etc. ; *Pas. déf.*, je conclus, etc., nous conclûmes, etc. ; *Fut.*, je conclurai, etc., nous conclurons, etc. — *Cond. Prés.*, je conclurais, etc., nous conclurions, etc. — *Impér.*, conclus, concluons, concluez. — *Subj. Prés.*, que je conclue, etc., que nous concluïons, que vous concluïez, qu'ils concluent ; *Imparf.*, que je conclusse, etc., que nous conclussions, etc. — *Infin.*, conclure ; *Part.*, concluant, conclu.

Exclure, qui se conjugue de même, fait au *part. pas.* : exclu, exclue ; exclus, excluse, est peu usité.

Conduire. Voyez *Nuire*.

Confire. — *Ind. Prés.*, je confis, tu confis, il confit, nous confisons, vous confisez, ils confisent ; *Imparf.*, je confisais, etc., nous confisions, etc. ; *Pas. déf.*, je confis, etc., nous confîmes, etc. ; *Fut.*, je confirai, etc., nous confirons, etc. — *Cond. Prés.*, je confirais, etc., nous confirions, etc. — *Impér.*, confis, confisons, confisez. — *Subj. Prés.*, que je confise, etc., que nous confisions, etc. ; *Imparf.*, inusité. — *Infin.*, confire ; *Part.*, confisant, confit.

Ainsi se conjugue *suffire*, qui fait au *participe passé*, suffi.

Connaître. — *Ind. Prés.*, je connais, tu connais, il connaît, nous connaissons, vous connaissez, ils connaissent ; *Imparf.*, je connaissais, etc., nous connaissions, etc. ; *Pas. déf.*, je connus, etc., nous connûmes, etc. ; *Fut.*, je connaîtrai, etc., nous connaîtrons, etc. — *Cond. Prés.*, je connaîtrais, etc., nous connaîtrions, etc. — *Impér.*, connais, connaissons, connaissez. — *Subj. Prés.*, que je connaisse, etc., que nous connaissions, etc. ; *Imparf.*, que je connusse, etc., que nous connussions, etc. — *Infin.*, connaître ; *Part.*, connaissant, connu.

Ainsi se conjuguent *reconnaître*, *paraître*, *disparaître*.

Craindre. — *Ind. Prés.*, je crains, tu crains, il craint, nous craignons vous craignez, ils craignent ; *Imparf.*, je craignais, etc., nous craignions, etc. ; *Pas. déf.*, je craignis, etc., nous craignîmes, etc. ; *Fut.*, je craindrai, etc., nous craindrons, etc. — *Cond. Prés.*, je craindrais, etc., nous craindrions, etc. — *Impér.*, crains, craignons, craignez. — *Subj. Prés.*, que je craigne, etc., que nous craignions, que vous craigniez, qu'ils craignent ; *Imparf.*, que je craignisse, etc., que nous craignissions, etc.—*Infin.*, craindre ; *Part.*, craignant, craint.

Ainsi se conjuguent *contraindre, peindre, joindre, atteindre, plaindre.*

Croire. — *Ind. Prés.*, je crois, tu crois, il croit, nous croyons, vous croyez, ils croient ; *Imparf.*, je croyais, etc., nous croyions, etc. ; *Pas. déf.*, je crus, etc., nous crûmes, etc.; *Fut.*, je croirai, etc., nous croirons, etc. — *Cond. Prés.*, je croirais, etc,. nous croirions, etc.— *Impér.*, crois, croyons, croyez.—*Subj. Prés.*, que je croie, etc., que nous croyions, que vous croyiez, qu'ils croient ; *Imparf.*, que je crusse, etc., que nous crussions, etc. — *Infin.*, croire ; *Part.*, croyant, cru.

Croître. — *Ind. Prés.*, je crois, tu crois, il croit, nous croissons, vous croissez, ils croissent ; *Imparf.*, je croissais, etc., nous croissions, etc.; *Pas. déf.*, je crûs, etc., nous crûmes, etc.; *Fut.*, je croîtrai, etc., nous croîtrons, etc.—*Cond. Prés.*, je croîtrais, etc., nous croîtrions, etc. —*Impér.*, crois, croissons, croissez. — *Subj. Prés.*, que je croisse, etc., que nous croissions, etc.; *Imparf.*, que je crusse, etc., que nous crussions, etc.— *Infin.*, croître ; *Part.*, croissant, crû.

Ainsi se conjugue *accroître.*

Coudre. — *Ind. Prés.*, je couds, tu couds, il coud, nous cousons, vous cousez, ils cousent ; *Imparf.*, je cousais, etc., nous cousions, etc. ; *Pas. déf.*, je cousis, etc., nous cousîmes, etc.; *Fut.*, je coudrai, etc., nous coudrons, etc.—*Cond. Prés.*, je coudrais, etc., nous coudrions, etc. — *Impér.*, couds, cousons, cousez.— *Subj. Prés.*, que je couse, etc., que nous cousions, etc.;

Imparf., que je cousisse, etc., que nous cousissions, etc. — *Infin.*, coudre; *Part.*, cousant, cousu.

Ainsi se conjugue *découdre*.

Dire. — *Ind. Prés.*, je dis, tu dis, il dit, nous disons, vous dites, ils disent; *Imparf.*, je disais, etc., nous disions, etc.; *Pas. déf.*, je dis, etc., nous dîmes, etc.; *Fut.*, je dirai, etc., nous dirons, etc. — *Cond. Prés.*, je dirais, etc., nous dirions, etc. — *Impér.*, dis, disons, dites. — *Subj. Prés.*, que je dise, etc., que nous disions, etc.; *Imparf.*, que je disse, etc., que nous dissions, etc. — *Infin.*, dire; *Part.*, disant, dit.

Redire se conjugue comme *dire*; les autres composés de ce verbe, *contredire*, *interdire*, *médire*, *prédire*, font à la seconde personne du pluriel du *prés. de l'ind.*: vous contredisez, vous dédisez, vous interdisez, vous médisez, vous prédisez. *Maudire* fait: nous maudissons, vous maudissez, etc., et au *part. prés.* maudissant.

Eclore. — Ce verbe n'a que les formes suivantes: *Ind. Prés.*, il éclôt, ils éclosent; *Fut.*, il éclora, ils écloront. — *Cond. Prés.*, il éclôrait, ils écloraient; *Subj. Prés.*, qu'il éclose, qu'ils éclosent; *Infin.*, éclore; *Part. pas.*, éclos. Les temps composés se forment avec *être*.

Ecrire. — *Ind. Prés.*, j'écris, tu écris, il écrit, nous écrivons, vous écrivez, ils écrivent; *Imparf.*, j'écrivais, etc., nous écrivions, etc.; *Pas. déf.*, j'écrivis, etc., nous écrivîmes, etc.; *Fut.*, j'écrirai, etc., nous écrirons, etc. — *Cond. Prés.*, j'écrirais, etc., nous écririons, etc. — *Impér.*, écris, écrivons, écrivez. — *Subj. Prés.*, que j'écrive, etc., que nous écrivions, etc.; *Imparf.*, que j'écrivisse, etc., que nous écrivissions, etc. — *Infin.*, écrire; *Part.*, écrivant, écrit.

Ainsi se conjuguent *décrire*, *prescrire*, *souscrire*, *transcrire*.

Faire. — *Ind. Prés.*, je fais, tu fais, il fait, nous faisons, vous faites, ils font; *Imparf.*, je faisais, etc., nous faisions, etc.; *Pas. déf.*, je fis, etc., nous fîmes, etc.;

Fut., je ferai , etc., nous ferons, etc. — *Cond. Prés.*, je ferais, etc., nous ferions, etc. — *Impér.*, fais , faisons, faites.—*Subj. Prés.*, que je fasse, etc., que nous fassions, etc. ; *Imparf.*, que je fisse, etc., que nous fissions, etc. — *Infin.*, faire ; *Part.*, faisant, fait.

Ainsi se conjuguent *contrefaire, défaire, satisfaire.*

Joindre. Voyez *Craindre.*

Lire. — *Ind. Prés.*, je lis, tu lis, il lit, nous lisons, vous lisez , ils lisent ; *Imparf.*, je lisais , etc., nous lisions , etc.; *Pas. déf.*, je lus , etc., nous lûmes, etc.; *Fut.*, je lirai, etc., nous lirons, etc. — *Cond. Prés.*, je lirais, etc., nous lirions, etc. — *Impér.*, lis , lisons , lisez. — *Subj. Prés.*, que je lise , etc. , que nous lisions, etc.; *Imparf.*, que je lusse, etc., que nous lussions, etc. — *Infin.*, lire ; *Part.*, lisant , lu.

Ainsi se conjuguent *élire, relire.*

Luire. — Ce verbe et son composé *reluire* font au *participe passé*, lui, relui. Ils n'ont ni *passé défini*, ni *impératif*, ni *imparfait du subjonctif.*

Mettre. — *Ind. Prés.*, je mets , tu mets , il met , nous mettons, vous mettez, ils mettent ; *Imparf.*, je mettais, etc., nous mettions, etc.; *Pas. déf.*, je mis, etc., nous mîmes, etc.; *Fut.*, je mettrai, etc., nous mettrons, etc. —*Cond. Prés.*, je mettrais , etc. , nous mettrions , etc. —*Impér.*, mets, mettons, mettez.—*Subj. Prés.*, que je mette , etc. , que nous mettions , etc.; *Imparf.*, que je misse, etc., que nous missions, etc.— *Infin.*, mettre ; *Part.*, mettant, mis.

Ainsi se conjuguent *admettre, commettre, permettre, promettre, soumettre, transmettre.*

Moudre. — *Ind. Prés.*, je mouds, tu mouds, il moud, nous moulons, vous moulez, ils moulent ; *Imparf.*, je moulais, etc., nous moulions, etc.; *Pas. déf.*, je moulus, etc., nous moulûmes, etc. ; *Fut.*, je moudrai, etc., nous moudrons, etc.— *Cond. Prés.*, je moudrais, etc., nous moudrions, etc. — *Impér.*, mouds, moulons, moulez. — *Subj. Prés.*, que je moule, etc., que nous moulions, etc.; *Imparf.*, que je moulusse, etc., que nous moulussions, etc. — *Infin.*, moudre; *Part.*, moulant, moulu.

Ainsi se conjugue *remoudre*.

Naître. — *Ind. Prés.*, je nais, tu nais, il naît, nous naissons, vous naissez, ils naissent; *Imparf.*, je naissais, etc., nous naissions, etc.; *Pas. déf.*, je naquis, etc., nous naquîmes, etc.; *Fut.*, je naîtrai, etc., nous naîtrons, etc. — *Cond. Prés.*, je naîtrais, etc., nous naîtrions, etc. — *Impér.*, nais, naissons, naissez. — *Subj. Prés.*, que je naisse, etc., que nous naissions, etc. — *Imparf.*, que je naquisse, etc., que nous naquissions, etc. — *Infin.*, naître; *Part.*, naissant, né. — Ce verbe prend le verbe *être* dans les temps composés.

Renaître se conjugue de la même manière, mais il n'a point de *participe passé*, et conséquemment pas de temps composés.

Nuire. — *Ind. Prés.*, je nuis, tu nuis, il nuit, nous nuisons, vous nuisez, ils nuisent; *Imparf.*, je nuisais, etc., nous nuisions, etc.; *Pas. déf.*, je nuisis, etc., nous nuisîmes, etc.; *Fut.*, je nuirai, etc., nous nuirons, etc. — *Cond. Prés.*, je nuirais, etc., nous nuirions, etc.— *Impér.*, nuis, nuisons, nuisez.— *Subj. Prés.*, que je nuise, etc., que nous nuisions, etc.; *Imparf.*, que je nuisisse, etc., que nous nuisissions, etc. — *Infin.*, nuire; *Part.*, nuisant, nui.

Ainsi se conjugue *conduire*, qui fait au participe passé *conduit, conduite*.

Paraître. Voyez *Connaître*.
Peindre. Voyez *Craindre*.
Perdre. Voyez *Répondre*.
Plaindre. Voyez *Craindre*.

Plaire. — *Ind. Prés.*, je plais, tu plais, il plaît, nous plaisons, vous plaisez, ils plaisent; *Imparf.*, je plaisais, etc., nous plaisions, etc.; *Pas. déf.*, je plus, etc., nous plûmes, etc.; *Fut.*, je plairai, etc., nous plairons, etc. — *Cond. Prés.*, je plairais, etc., nous plairions, etc. — *Impér.*, plais, plaisons, plaisez.—*Subj. Prés.*, que je plaise, etc., que nous plaisions, etc.; *Imparf.*, que je plusse, etc., que nous plussions, etc. —*Infin.*, plaire; *Part.*, plaisant, plu.

Ainsi se conjugue *se taire*.

Prendre. — *Ind. Prés.*, je prends, tu prends, il prend, nous prenons, vous prenez, ils prennent; *Imparf.*, je prenais, etc., nous prenions, etc.; *Pas. déf.*, je pris, etc., nous primes, etc.; *Fut.*, je prendrai, etc., nous prendrons, etc.— *Cond. Prés.*, je prendrais, etc., nous prendrions, etc. — *Impér.*, prends, prenons, prenez. — *Subj.*, *Prés.*, que je prenne, etc.; que nous prenions, que vous preniez, qu'ils prennent; *Imparf.*, que je prisse, etc., que nous prissions, etc.—*Infin.*, prendre; *Part.*, prenant, pris.

Ainsi se conjuguent *apprendre*, *comprendre*, *entreprendre*, *surprendre*.

Répondre. — *Ind. Prés.*, je réponds, tu réponds, il répond, nous répondons, vous répondez, ils répondent; *Imparf.*, je répondais, etc., nous répondions, etc.; *Pas. déf.*, je répondis, etc., nous répondimes, etc., *Fut.*, je répondrai, etc., nous répondrons, etc.— *Cond. Prés.*, je répondrais, etc., nous répondrions, etc. — *Impér.*, réponds, répondons, répondez. — *Subj. Prés.*, que je réponde, etc., que nous répondions, etc.; *Imparf.*, que je répondisse, etc., que nous répondissions, etc. — *Infin.*, répondre; *Part.*, répondant, répondu.

Ainsi se conjuguent *vendre*, *répandre*, *perdre*, *mordre*.

Résoudre. — *Ind. Prés.*, je résous, tu résous, il résout, nous résolvons, vous résolvez, ils résolvent; *imparf.*, je résolvais, etc., nous résolvions, etc.; *Pas. déf.*, je résolus, etc., nous résolûmes, etc.; *Fut.*, je résoudrai, etc., nous résoudrons, etc. — *Cond. Prés.*, je résoudrais, etc., nous résoudrions, etc. — *Impér.*, résous, résolvons, résolvez. —*Subj. Prés.*, que je résolve, etc., que nous résolvions, etc.; *Imparf.*, que je résolusse, etc., que nous résolussions, etc. — *Infin.*, résoudre; *Part.*, résolvant, résolu ou résous. Résous n'a pas de féminin.

Ainsi se conjuguent *absoudre* et *dissoudre*, qui n'ont ni *passé* ni *imparfait du subjonctif.* Ils font au *participe passé*, absous, absoute; dissous, dissoute.

Rire. — *Ind. Prés.*, je ris, tu ris, il rit, nous rions, vous riez, ils rient; *Imparf.*, je riais, etc., nous riions, etc.; *Pas. déf.*, je ris, etc., nous rîmes, etc.; *Fut.*, je rirai, etc., nous rirons, etc. — *Cond. Prés.*, rirais, etc., nous ririons, etc. — *Impér.*, ris, rions, riez. — *Subj. Prés.*, que je rie, que tu ries, qu'il rie, que nous riions, que vous riiez, qu'ils rient; *Imparf.*, que je risse, etc., que nous rissions, etc. — *Infin.*, rire; *Part.*, riant, ri.

Ainsi se conjugue *sourire.*

Rompre. — *Ind. Prés.*, je romps, tu romps, il rompt, nous rompons, vous rompez, ils rompent; *Imparf.*, je rompais, etc., nous rompions, etc.; *Pas. déf.*, je rompis, etc., nous rompîmes, etc.; *Fut.* je romprai, etc., nous romprons, etc.— *Cond. Prés.*, je romprais, etc., nous romprions, etc. — *Impér.*, romps, rompons, rompez. — *Subj. Prés.*, que je rompe, etc., que nous rompions, etc.; *Imparf.*, que je rompisse, etc., que nous rompissions, etc. — *Infin.*, rompre; *Part.*, rompant, rompu.

Ainsi se conjuguent *corrompre* et *interrompre.*

Suivre. — *Ind. Prés.*, je suis, tu suis, il suit, nous suivons, vous suivez, ils suivent; *Imparf.*, je suivais, etc., nous suivions, etc.; *Pas. déf.*, je suivis, etc., nous suivîmes, etc.; *Fut.*, je suivrai, etc., nous suivrons, etc.— *Cond. Prés.*, je suivrais, etc., nous suivrions, etc. — *Impér.*, suis, suivons, suivez. — *Subj. Prés.*, que je suive, etc., que nous suivions, etc.; *Imparf.*, que je suivisse, etc., que nous suivissions, etc. — *Infin.*, suivre; *Part.*, suivant, suivi.

Ainsi se conjugue *poursuivre*.

SE TAIRE. Voyez *Plaire*.

VAINCRE. — *Ind. Prés.*, je vaincs, tu vaincs, il vainc, nous vainquons, vous vainquez, ils vainquent; *Imparf.*, je vainquais, etc., nous vainquions, etc.; *Pas. déf.*, je vainquis, etc., nous vainquîmes, etc.; *Fut.* je vaincrai, etc., nous vaincrons, etc. — *Cond. Prés.*, je vaincrais, etc., nous vaincrions, etc. — *Impér.*, vaincs, vainquons, vainquez. — *Subj. Prés.*, que je vainque, etc., que nous vainquions, etc.; *Imparf.*, que je vainquisse, etc., que nous vainquissions, etc. — *Infin.*, vaincre; *Part.*; vainquant, vaincu.

Ainsi se conjugue *convaincre*.

VENDRE. Voyez *Répondre*.

VIVRE. — *Ind. Prés.*, je vis, tu vis, il vit, nous vivons, vous vivez, ils vivent; *Imparf.*, je vivais, etc., nous vivions, etc.; *Pas. déf.*, je vécus, etc., nous vécûmes etc.; *Fut.*, je vivrai, etc., nous vivrons, etc.—*Cond. Prés.*, je vivrais, etc., nous vivrions, etc. — *Impér.*, vis, vivons, vivez. — *Subj. Prés.*, que je vive, etc., que nous vivions, etc.; *Imparf.*, que je vécusse, etc., que nous vécussions, etc. — *Infin.*, vivre; *Part.*, vivant, vécu.

Ainsi se conjugue *revivre*.

EXERCICES ÉLÉMENTAIRES.

EXERCICES SUR LE NOM.

NOMS COMMUNS ET NOMS PROPRES.

(Nos 16-18[1].)

Les élèves indiqueront les noms communs et les noms
propres dans les noms suivants.

Dieu. — Père. — Europe. — Frère. —
Sœur. — France. — Jardin. — Paul. — Ta-
bleau. — Maison. — Soleil. — Jacques. — Phi-
lippe. — Sommeil. — Sagesse. — Edouard. —
Papier. — Plume. — Jean. — Henri. — Vé-
rité. — Suisse. — Arbre. — Montagne. —
Charles. — Ami. — Religion. — Italie. — Mère.
— Fleuve. — Espagne. — Enfant. — Vieil-
lard. — Amitié. — Paris. — Sagesse. — Alle-
magne. — Russie. — Brebis. — Bœuf. —
Poule. — Marseille. — Travail. — Bonheur.
— Adam. — Eve. — Péché. — Repentir. —
Marie.

1. Les numéros mis entre parenthèses indiquent les
numéros correspondants de la grammaire.

6

GENRE DES NOMS.

(N°s 20-22.)

Les élèves indiqueront le genre des noms , c'est-à-dire le masculin ou le féminin dans les noms suivants[1].

Cheval. — Lionne. — Palais. — Fleur. — Devoir. — Champ. — Soldat. — Perdrix. — Espérance. — Plume. — Chien. — Princesse. — Ange. — Rose. — Province. — Lion. — Courage. — Esprit. — Vérité. — Reine. — Roi. — Charité. — Renard. — Figure. — Instrument. — Oisiveté. — Lapin. — Danger. — Château. — Marchandise. — Perroquet. — Drapeau. — Verdure. — Richesse. — Canal. — Vaisseau. — Fontaine. — Cœur. — Tête. — Bataillon. — Paupière. — Orgueil. — Adresse. — Front. — Fumée. — Gloire. — Troupeau. — Musique. — Trésor. — Caverne. — Jour. — Nuit. — Coq. — Poule. — Avarice. — Argent. — Malheur. — Jeunesse. — Lièvre. — Poisson.

1. Dans le cas où les élèves seraient embarrassés sur le genre d'un nom commun , ils consulteraient leur instinct et se demanderaient si ce nom peut être précédé de *le* ou *la*. *Le* indique le masculin , et *la* le féminin.

NOMBRE DES NOMS.

(Nos 23-25.)

Les élèves indiqueront le nombre des noms, c'est-à-dire le singulier et le pluriel dans les noms suivants.

Une branche. — Des racines. — Une plante. — Des feuilles. — Des épines. — Un loup. — Un cheval. — Des enfants. — Des livres. — Un juge. — Un désert. — Des montagnes. — Une vallée. — Un mensonge. — Des prières. — Une semaine. — Des années. — Un maître. — Des serviteurs. — Un danger. — Des tableaux. — Un ruisseau. — Un frère. — Des sœurs. — Une fontaine. — Des rochers. — Un rivage. — Des terres. — Des temples. — Un crayon. — Une ardoise. — Des statues. — Des habits. — Un écolier. — Des guerres. — Des batailles. — Un général. — Un capitaine. — Des récompenses. — Une promesse. — Des dangers. — Un figuier. — Des torrents. — Un projet. — Des volontés. — Un vaisseau. — Des bergers. — Une vallée. — Des nuages. — Des tourbillons. — Un chien. — Des brebis.—Un parc. — Des loups. — Un chemin. — Des oiseaux.

FORMATION DU PLURIEL DANS LES NOMS.

(Nos 26-27.)

Les élèves mettront au pluriel les noms suivants.

Mère. — Bonté. — Caresse. — Sœur. — Enfant. — Chaumière. — Arbre. — Campagne. — Défaut. — Qualité. — Promenade. — Jardin. — Famille. — Sanglier. — Bergère. — Fils. — Voix. — Nez. — Discours. — Remords. — Choix. — Usage. — Entreprise. — Bateau. — Drapeau. — Neveu. — Tribunal. — Plafond. — Souvenir. — Pensée. — Oiseau. — Brebis. — Château. — Noix. — Marais. — Tapis. — Bijou. — Matelas. — Clou. — Aiguille. — Modèle. — Manteau. — Repas. — Jeu. — Journal. — Propos. — Bras. — Œil (*les deux pluriels*). — Ciel (*les deux pluriels*). — Infirmité. — Douleur. — Pinceau. — Genou. — Métal. — Corbeau. — Succès. — Choix. — Caporal. — Aïeul (*les deux pluriels*). — Vapeur. — Contrée. — Prairie. — Concours. — Aveu. — Procès. — Époux. — Anneau. — Cheveu. — Caillou. — Général. — Chou. — Canal. — Bijou. — Gâteau. — Vertu.

EXERCICES SUR L'ARTICLE.

ARTICLES SIMPLES.

(N° 30.)

Les élèves placeront *le*, *la*, *les*, *l'* devant les noms suivants, d'après le genre et le nombre de chaque nom

Père. — Roi. — Mère. — Reine. — Papier. — Plume. — Jardin. — feuille. — Table. — Couteau. — Campagne. — Jeunesse. — Vérité. — Soleil. — Armée. — Oisiveté. — Enfer. — Ambition. — Epreuves. — Ennemis. — Entreprises. — Soldats. — Fatigues. — Histoire. — Soleil. — Parfums. — Hasard. — Etendard. — Etude. — Musique. — Concerts. — Académie. — Enfants. — Orgueil. — Forêt. — Prunelle. — Temple. — Richesses. — Oiseau. — Science. — Esprit. — Paroles. — Modestie. — Arbre. — Travaux. — Monument. — Hasard. — Injustice. — Compliments. — Officier. — Ennemis. — Chat. — Ouvrage. — Ardeur. — Livres. — Cheminées. — Jardinier. — Maisons. — Etats. — Royaume.

ARTICLES CONTRACTÉS OU COMPOSÉS.

(N°s 31-32.)

I.

Les élèves placeront *au*, *à la*, *aux*, *à l'* devant les noms suivants d'après le genre et le nombre de chaque nom.

Combat. — Bataille. — Mensonge. — Vérité. — Devoir. — Pauvres. — Sœur. — Frère. — Soldats. — Patrie. — Malades. — Laboureur. — Neige. — Ciel. — Nuage. — Récompense. — Enseignement. — Chemises. — Disgrâces. — Peines. — Ministre. — Humanité. — Or. — Argent. — Habitants. — Ecoliers. — Fatigue. — Chaleur. — Froid. — Reconnaissance. — Egalité. — Aiguille. — Abeilles. — Humanité. — Bienfaits. — Inventions. — Ecole. — Instruction. — Occasions. — Muraille. — Fleuve. — Rivages. — Conseils. — Utilité. — Hirondelles. — Moulin. — Monde. — Revue. — Amitié. — Lumière. — Écureuil. — Borne. — Pardon. — Peuple. — Victoires. — Armées. — Surprise. — Climat. — Plumage. — Grâce. — Crainte. — Commencement. — Seigneur. — Sagesse. — Conseils. — Ame. — Sûreté. — Lois. — Sommeil. — Pièges.

II.

Les élèves placeront *du*, *de la*, *des*, *de l'* devant les noms suivants, d'après le genre et le nombre de chaque nom.

Lion. — Rivière. — Parfums. — Disgrâces. — Agréments. — Histoire. — Héros. — Clémence. — Habitation. — Cœur. — Ordres. — Miracles. — Exercice. — Peuple. — Villes. — Usage. — Evénement. — Hardiesse. — Habitude. — Familles. — Victoire. — Intelligence. — Etoiles. — Qualités. — Bonheur. — Amitié. — Prince. — Princesse. — Rois. — Pensée. — Verdure. — Ardeur. — Vanité. — Richesses. — Ciel. — Vaisseaux. — Voyage. — Déserts. — Habit. — Charité. — Espérance. — Enseignement. — Application. — Courage. — Cheval. — Ardeur. — Joie. — Fleurs. — Moissons. — Prodiges. — Nuits. — Travail. — Père. — Faiblesse. — Bonté. — Merveilles. — Sagesse. — Jour. — Puissance. — Herbe. — Air. — Main. — Charité. — Larmes. — Raison. — Pain. — Douleur. — Bienfaits. — Fautes. — Conscience. — Exemples. — Instituteur. — Tendresse. — Éducation. — Serpent. — Piété. — Respect. — Nourriture. — Parents.

EXERCICES SUR LES ADJECTIFS.

ADJECTIFS QUALIFICATIFS.

(Nos 33-35.)

Les élèves indiqueront les adjectifs qualificatifs dans les phrases suivantes.

Dieu puissant. — Mère heureuse. — Ami fidèle. — Homme poli. — Eau pure. — Soldat courageux. — Âme charitable. — Femme pieuse. — Grand jardin. — Fruit vert. — Table ronde. — Chapeau neuf. — Habit bleu. — Contrée fertile. — Enfant docile. — Petite maison. — Repentir sincère. — Temps favorable. — Grand arbre. — Beau climat. — Belle action. — Papier blanc. — Feuillage épais. — Astre brillant. — Bon livre. — Fleur rouge. — Cœur sensible. — Nation puissante. — Plaine fertile. — Elève laborieux. — Soldat intrépide. — Armée victorieuse. — Moisson abondante. — Princesse bienfaisante. — Religion sainte. — Pain quotidien. — Hommes sages. — Conscience pure. — Exemples salutaires. — Grandes fautes. — Histoire ancienne.

GENRE ET NOMBRE DANS LES ADJECTIFS QUALIFICATIFS.

(N°s 37-38.)

Les élèves indiqueront le genre et le neutre des adjectifs dans les phrases suivantes.

Frère chéri. — Père tendre. — Sœur aimable. — Nobles sentiments. — Vie heureuse. — Mœurs douces. — Enfant timide. — Beaux ouvrages. — Herbe tendre. — Animaux innocents. — Campagnes fertiles. — Flots paisibles. — Ciel obscur. — Eclairs rapides. — Rocher escarpé. — Château antique. — Mérite modeste. — Poëtes anciens. — Empereur cruel. — Conseils salutaires. — Véritable grandeur. — Esprit sensé. — Forêt épaisse. — Amis dévoués. — Prés fleuris. — Monument admirable. — Hommes bienfaisants. — Femmes pieuses. — Fruits excellents. — Douces habitudes. — Bonne action. — Grand arbre. — Nuages obscurs. — Contrée célèbre. — Mer orageuse. — Bonne volonté. — Progrès rapides. — Mœurs honnêtes. — Faveur publique. — Gloire passagère. — Erreurs funestes. — Hommes distingués.

4. *Petite Grammaire.*   7

FORMATION DU FÉMININ DANS LES ADJECTIFS QUALIFICATIFS.

(N°s 44-45.)

Les élèves mettront au féminin les adjectifs suivants.

Grand. — Ingrat. — Vert. — Mauvais. — Brillant. — Laid. — Joli. — Aimable. — Rouge. — Facile. — Petit. — Fort. — Noir. —Obscur. —Indulgent. —Abondant. —Saint. — Dévoué. — Gourmand. — Léger. — Délicat. — Poli. — Modeste. — Docile. —Rare. — Roche. — Froid. — Instruit. — Gris. — Laborieux. — Doux. — Neuf. — Naïf. —Craintif. — Bienfaiteur. — Flatteur. — Meilleur. — Vengeur. — Ancien. — Eternel. — Epais. — Gros. — Muet. — Malin. — Faux. — Franc. — Publié. — Long. — Blanc. — Frais. — Pareil. — Vieux. — Sec. — Témoin. — Dispos. — Nombreux. — Méchant. — Beau. — Nouveau. — Honnête. — Mauvais. — Bon. — Brave. — Plaisant. — Supérieur. — Fidèle. — Aimable. — Pur. — Vertueux. — Fou. — Jaloux. — Bienfaisant. — Vif. — Actif. — Modéré. — Laborieux. — Exempt. — Prêt.

FORMATION DU PLURIEL DANS LES ADJECTIFS QUALIFICATIFS.

(Nos 46-47.)

Les élèves mettront au pluriel les adjectifs suivants.

Bon. — Bonne. — Grand. — Grande. — Petit. — Petite. — Eternel. — Eternelle. — Savant. — Savante. — Rouge. — Rond. — Ronde. — Meilleur. — Meilleure. — Modéré. —Modérée. —Indiscret. —Indiscrète. —Charmant. — Charmante. — Attentif. — Légère. — Blanc. — Franche. — Muet. — Ancienne. — Long. — Sage. — Vertueux. — Pieuse. — Courageux. — Beau. — Nouveau. — Heureux. — Belle. — Heureuse. — Doux. — Vieux. — Douce. — Moral. — Royal. — Fatal. — Inégal. — Honteux. — Légal. — Gros. — Gras. — Douteux. — Vrai. — Vraie. — Fraîche. — Général. — Prudent. — Courageux. — Excellent. — Délicieux. — Aimables. — Hardi. — Neuf. — Neuve. — Clément. — Indiscret. — Indiscrète. — Doux. — Douce. — Louable. — Bienfaisant. — Bienfaisante. — Respectueux. — Respectueuse. — Docile. — Fidèle.

ACCORD DES ADJECTIFS QUALIFICATIFS AVEC LE NOM.

(N⁰ˢ 48-49.)

Les élèves feront accorder en genre et en nombre les adjectifs suivants avec les noms auxquels ils se rapportent.

Une vie sobre, *modéré* et *laborieux*. — Des arbres *élevé*. — Voilà des terres *fertile*. — Fleurs *rare* et *belle*. — Qualités *précieuse* et fort *estimé*. — Ce sont des soldats *actif*, *vaillant*, *dévoué*. — La fraise *parfumé*. — Cette contrée produit de *beau* fruits. — Nous devons être *humble*, *patient*, *charitable*. — Il a reçu de *nouveau* honneurs, de *nouvelle* dignités. — Le grand-père et le père *bon* et *affable*. — La mère et la fille *contente*. — Le roi et la reine *satisfaite*. — Le jardin et la cour *étendu*. — Le raisin et la poire *mûr*. — La richesse et la gloire *passagère*. — Des amis *indiscret*. — De *noble* dévouements. — Les philosophes *ancien*. — Ce sont des généraux *habile* et *prudent*. — Le bœuf et la vache *utile*. — Le cerf et le daim *rapide*. — Voilà une moisson *abondant*. — Condition *avili* et *méprisé*.

ADJECTIFS DÉTERMINATIFS.

(Nos 50-61.)

Les élèves distingueront les divers adjectifs détermina-tifs dans les phrases suivantes.

Quatre hommes. — Six poires. — Vingt sol-dats. — Cent francs. — Le troisième volume. —Le quatrième bataillon. —La dixième borne. — La centième partie. — Ce livre. — Cette table. — Ces arbres. — Ces fleurs. — Cet en-fant. — Mon frère. — Ma sœur. — Mes amis. — Ses pensées. — Son ignorance. — Ta fran-chise. — Vos intentions. — Votre maison. — Notre jardin. — Son bonheur. — Ta charité. — Nos penchants. — Cette économie. — Ce talent. — Sa liberté. — Aucun défaut. — Telle année. — Tel pays. — Tout homme. —Quelque espoir. — Quelques amis. — Trois pommes. — Trente lieues. — Ce tableau. — Mes livres. — Leurs amis. — Tes espérances. — Cette fleur. — Votre charité. — Ses parents. — Son intelligence. — Nos études. — Vos prières. — Sa pauvreté. — Ces préjugés. — Cette clé-mence. — Aucun projet. — Nul défaut.

ACCORD DES ADJECTIFS DÉMONSTRATIFS.

(Nos 56-57.)

Les élèves placeront *ce, cet, cette, ces* devant les noms suivants, d'après le genre et le nombre de chacun de ces noms.

Livre. — Coutume. — Parole. — Figure. — Homme. — Combat. — Evénement. — Chemin. — Repas. — Discours. — Château. — Fleurs. — Jardin. — Ouvrage. — Enfant. — Habillement. — Victoire. — Armée. — Tableaux. — Tribunal. — Merveilles. — Visage. — Science. — Etoile. — Ecolier. — Empire. — Cheveux. — Honneur. — Histoire. — Harangue. — Espace. — Intervalle. — Hôtellerie. — Espérances. — Incendie. — Mœurs. — Roi. — Princes. — Commandement. — Verdure. — Rose. — Violette. — Ouvrages. — Défaut. — Année. — Travail. — Espoir. — Chagrins. — Affaire. — Projet. — Cavaliers. — Fantassins. — Philosophe. — Conquête. — Offrandes. — Sacrifice. — Lettres. — Pays. — Procès. — Fraude. — Violence. — Séjour. — Vieillards. — Grandeurs. — Dignité. — Honneurs. — Habitudes. — Oiseaux.

ACCORD DES ADJECTIFS POSSESSIFS.

(N°s 58-59.)

1.

Les élèves placeront *mon*, *ton*, *son*, *ma*, *ta*, *sa*, *mes*, *tes*, *ses*, devant les noms suivants, d'après le genre et le nombre de chacun de ces noms.

Père. — Mère. — Frères. — Sœurs. — Probité. — Talent. — Fortune. — Courage. — Amis. — Parents. — Enfance. — Honneurs. — Oiseaux. — Franchise. — Epée. — Jugement. — Habit. — Table. — Plume. — Chapeau. — Livres. — Avarice. — Conseils. — Prudence. — Ingratitude. — Habitation. — Usages. — Etudes. — Ignorance. — Hommages. — Intentions. — Hardiesse. — Prières. — Travail. — Soins. — Amitié. — Education. — Cœur. — Utilité. — Intérêts. — Bonheur. — Gaîté. — Liberté. — Papier. — Maison. — Appartement. — Habitudes. — Science. — Mœurs. — Ennemis. — Marchandises. — Dons. — Plaisirs. — Terre. — Voyage. — Or. — Argent. — Chemin. — Sentiments. — Vaisseaux. — Soldats.

II.

Les élèves placeront *notre*, *votre*, *leur*, *nos*, *vos*, *leurs*, devant les noms suivants, d'après le genre et le nombre de chacun de ces noms.

Amitié. — Bonheur. — Charité. — Santé. — Penchants. — Pauvreté. — Imprudence. — Economie. — Jardin. — Eclat. — Maison. — Héritage. — Usages. — Opinions. — Entreprise. — Hardiesse. — Absence. — Parents. — Paroles. — Habileté. — Troupeaux. — Champs. — Travail. — Prairies. — Récolte. — Ardeur. — Opiniâtreté. — Empressement. — Silence. — Chevaux. — Moisson. — Tableaux. — Livres. — Fidélité. — Grandeur. — Amitié. — Ressentiment. — Innocence. — Gloire. — Espoir. — Fleurs. — Qualités. — Richesse. — Commerce. — Biens. — Honneurs. — Volonté. — Occupations. — Douceur. Sévérité. — Encouragements. — Reproches. — Récompense. — Punition. — Ouvrages. — Qualités. — Faiblesse. — Puissance. — Génie. — Ouvrage. — Éducation. — Habits. — Provisions. — Terres. — Condition. — Cour. — Travail. — Paroles. — Noblesse. — Livres. — Commerce. — Piété. — Devoirs. — Doctrine.

EXERCICES SUR LES PRONOMS.

DIVERSES SORTES DE PRONOMS.
(N°s 62-76.)

I.

Les élèves distingueront les diverses sortes de pronoms.

Je. — Nous. — Toi. — Vous. — Il. — Elles. — Eux. — Soi. — Se. — Lui. — Le mien. — La tienne. — Les siens. — Le nôtre. — La vôtre. — La leur. — Les miens. — Les vôtres. — Ils. — Ce. — Celui. — Celle. — Ceux-là. — Celui-ci. — Celles-ci. — Ceux-ci. — Qui. — Que. — Lequel. — Laquelle. — Lesquels. — Dont. — Ou. — Quiconque. — Chacun. — L'un l'autre. — Les uns les autres. — Quelques-uns. — Tel. — Telle. — Tu. — Ils. — Elle. — Moi. — Se. — Leur. — Les tiens. — Le sien. — Les miennes. — Celui-là. — Celle-ci. — Ceux. — Celles. — Ceci. — Cela. — Lesquelles. — Les leurs. — Vous. — Toi. — Te. — Qui. — Lequel. — Celui. — Le mien. — Cela. — On. — Quiconque. — Le nôtre. — Le tien. — Les siennes. — Ceux-là.

II.

Les élèves indiqueront le genre et le nombre dans les pronoms possessifs et démonstratifs suivants.

Le mien. — La mienne. — Les miens. — Les miennes. — Le tien. — La tienne. — Les tiens. — Les tiennes. — Le sien. — La sienne. — Les siens. — Les siennes. — Le nôtre. — La nôtre. — Les nôtres. — Le vôtre. — La vôtre. — Les vôtres. — Le leur. — La leur. — Les leurs. — Ce. — Celui. — Celle. — Celui-ci. — Celle-ci. — Ceux-ci. — Celles-ci. — Celui-là. — Celle-là. — Ceux-là. — Celles-là. — Ceux. — Ceci. — Cela. — Les miens. — La tienne. — Le sien. — Le vôtre. — Le nôtre. — Le leur. — Les leurs. — La sienne. — Ceux-ci. — Celui. — Ceux-là. — Celui-ci. — La nôtre. — Celles-là. — Celui-là. — Les leurs. — Ceux-ci. — Le vôtre. — Celles-ci. — Les miennes. — Ceux. — Le sien. — Celles-ci. — La tienne. — Celui-ci. — Le mien. — Celle-là. — La leur. — Celui-là. — Les siennes. — Celle. — Les nôtres. — Ce. — Le tien. — Celui. — La vôtre. — Cela. — Les miens. — Ceci. — Les leurs. — Celles-là. — La leur. — Ceux-là.

EXERCICES SUR LES VERBES [1].

DES NOMBRES ET DES PERSONNES.

(Nᵒˢ 86-87.)

Les élèves indiqueront le nombre et la personne dans les verbes suivants.

Je lis. — Tu lis. — Il lit. — Nous lisons. Vous lisez. — Ils lisent. — Elles lisent. — Nous parlons. — Tu aimes. — Il donne. — Vous priez. — Ils chantent. — Elle donne. — Ils implorent. — Vous agissez. — Nous choisissons. — Il doit. — Vous voyez. — Je réponds. — Tu entends. — Vous attendez. — Elle répondait. — Il dort. — Nous arrivons. — Ils finissent. — J'écris. — Tu prends. — Vous écrivez. — Nous prenons. — Je prie. — Il apprend. — Ils courent. — Vous recevez. — Nous partons. — Ils viennent. — Tu reçois. — Vous marchez. — Nous agissons.

1. Il serait utile que les élèves ne fissent ces exercices que lorsqu'ils connaîtront bien toute la conjugaison des verbes.

DES TEMPS ET DES MODES.

(Nos 88-97.)

Les élèves indiqueront le mode et le temps dans les verbes suivants.

J'aime. — Vous aimez. — Tu finissais. — Nous finissions. — Elle reçut. — Ils reçurent. — J'ai rendu. — Tu as rendu. — Nous avons rendu. — Vous avez rendu. — J'avais appris. — Vous aviez appris. — Nous dirons. — Vous direz. — Il dira. — Ils auront prié. — Elle aura prié. — Tu estimerais. — Vous estimeriez. — Nous travaillerons. — Obéis. — Reçois. — Rendez. — Apprenons. — Que j'implore. — Qu'ils implorent. — Qu'il implorât. — Que nous implorassions. — Que j'aie attendu. — Qu'elle ait attendu. — Que vous eussiez donné. — Charmer. — Voir. — Comprendre. — Avoir charmé. — Avoir compris. — Chantant. — Agissant. — Aimé. — Fini. — Rendu. — Nous implorons. — Vous avez daigné. — Tu donneras. — Ils auraient parlé. — Qu'il charme. — Ordonner. — Avoir chanté. — Pleurant. — Agir. — Priant.

DE LA FORMATION DES TEMPS.

(Nos 98-103.)

Les élèves formeront les temps dérivés suivants.

L'impératif de : j'estime, nous estimons, vous estimez ; je chéris, nous chérissons, vous chérissez ; je conçois, nous concevons, vous concevez ; je prétends, nous prétendons, vous prétendez ; je suis, nous sommes, vous êtes ; je sais, nous savons, vous savez ; je vais, nous allons, vous allez ; j'ai, nous avons, vous avez. — *L'imparfait du subjonctif de :* je priai, j'applaudis, je perçus, j'entendis, je valus, j'envoyai. — *Le futur indicatif et le conditionnel présent de :* donner, choisir, devoir, répondre. — *L'imparfait de l'indicatif de :* louant, lisant, dormant, prenant. — *Les trois personnes plurielles du présent de l'indicatif de :* priant, gémissant, permettant, vivant, donnant, régnant, finissant, cherchant. — *Le présent du subjonctif de :* estimant, partant, apercevant, disant, rendant, concevant, implorant, secourant, recevant.

DES DIFFÉRENTES ESPÈCES DE VERBES.

(Nos 104-110.)

Les élèves indiqueront à quelle sorte de verbes appartiennent les verbes suivants.

Aimer. — Ecrire. — Lire. — Voir. — Etre reçu. — Etre choisi. — Dormir. — Plaire. — Marcher. — Languir. — S'emparer. — Se plaindre. — Se réjouir. — Il faut. — Il pleut. — Il neige. — Nous entendons. — Il reçoit. — Vous chérissez. — Elle plaît. — Nous arrivons. — Tu es aimé. — Ils sont protégés. — Ils se flattent. — Nous nous repentons. — Il importe. — Connaître. — Craindre. — Implorer. — Estimer. — Prendre. — Partir. — Régner. — Gémir. — S'enfuir. — Se plaindre. — S'asseoir. — Etre applaudi. — Etre écouté. — Etre puni. — Comprendre. — Secourir. — Courir. — Offrir. — Envoyer. — Nous sommes chéris. — Ils se flattent. — Eclore. — Déchoir. — Implorer. — Elles se plaignent. — Nous chérissons. — Vous venez. — Valoir. — Croire. — Pouvoir. — Elle est louée. — Nous arrivons. — Payer. — Appeler. — Il pleuvait. — Il faudra. — S'asseoir. — Cueillir.

VERBES AUXILIAIRES.

(N° 120.)

Les élèves mettront à toutes leurs personnes les temps suivants des verbes *être* et *avoir*.

L'indicatif présent et imparfait de avoir. — L'indicatif présent et imparfait de être. — Le passé indéfini de avoir. — Le passé indéfini de être. — Le pasé défini de avoir et être. — Le futur simple et le conditionnel présent de avoir. — Le futur antérieur et le conditionnel passé de être. — Le futur simple et le conditionnel présent de être. — Le futur antérieur et le conditionnel passé de avoir. — L'imparfait du subjonctif de avoir et être. — Le plus-que-parfait du subjonctif de avoir. — Le parfait ou passé du subjonctif de être. — L'infinitif présent et passé de avoir et être. — L'imparfait de l'indicatif et le passé indéfini de avoir. — Le présent de l'indicatif et le passé défini de être. — Le futur simple et le futur antérieur de avoir. — Le conditionnel présent et passé de être. — Le subjonctif présent et imparfait de avoir. — Le parfait et le plus-que-parfait du subjonctif de être.

VERBES ACTIFS.

(N° 121.)

I.

Les élèves mettront les verbes suivants aux personnes et aux temps indiqués.

Tu donner, *présent et imparfait de l'indicatif*. — **Vous implorer**, *passé défini et passé indéfini*. — **Il charmer**, *imparfait et parfait du subjonctif*. — **Elles charmer**, *futur antérieur*. — **Nous remplir**, *plus-que-parfait du subjonctif*. — **Je choisir**, *passé et présent du conditionnel*. — **Vous chérir**, *futur simple et futur antérieur*. — **Il applaudir**, *passé défini et passé indéfini*. — **Tu implorer**, *parfait et plus-que-parfait de l'indicatif*. — **Nous languir**, *présent du subjonctif*. — **Je ordonner**, *plus-que-parfait et parfait du subjonctif*. — **Dormir**, *participe présent et participe passé*. — **Ils consoler**, *présent et passé du conditionnel*. — **Nous grandir**, *présent et imparfait de l'indicatif*. — **Vous daigner**, *futur simple et futur antérieur*. — **Elle amollir**, *passé indéfini et passé défini*. — **Ils régner**, *indicatif présent et imparfait*.

II.

Les élèves mettront les verbes suivants aux personnes et aux temps indiqués.

Je apercevoir, *présent et imparfait de l'indicatif.* — Je attendre, *parfait et plus-que-parfait du subjonctif.* — Tu devoir, *présent et passé du conditionnel.* — Rendre, *participe présent et participe passé.* — Tu recevoir, *parfait et plus-que-parfait de l'indicatif.* — Nous entendre, *passé défini et passé indéfini de l'indicatif.* — Ils concevoir, *présent et imparfait du subjonctif.* — Je attendre, *futur simple et futur antérieur de l'indicatif.* — Je percevoir, *imparfait et passé défini de l'indicatif.* — Vous répondre, *présent et passé du conditionnel.* — Nous devoir, *futur simple et futur antérieur.* — Elles rendre, *parfait et plus-que-parfait de l'indicatif.* — Elle apercevoir, *passé défini et passé indéfini.* — Ils répandre, *passé antérieur et plus-que-parfait de l'indicatif.* — Il fendre, *futur simple et futur antérieur.* — Nous concevoir, *présent et passé du conditionnel.* — Tu devoir, *présent et imparfait du subjonctif.* — Nous vendre, *passé antérieur et plus-que-parfait de l'indicatif.*

III.

Les élèves mettront les verbes suivants aux personnes et aux temps indiqués.

Je parler, *présent et imparfait du subjonctif.* — Il daigner, *imparfait et plus-que-parfait de l'indicatif.* — Vous ordonner, *futur simple et futur antérieur de l'indicatif.* — Tu applaudir, *passé indéfini et passé antérieur de l'indicatif.* — Elle amollir, *passé défini et imparfait de l'indicatif.* — Il apercevoir, *présent et passé du conditionnel.* — Ils recevoir, *présent et imparfait de l'indicatif.* — Vous vendre, *futur simple et futur antérieur de l'indicatif.* — Tu tendre, *passé défini et passé indéfini de l'indicatif.* — Vous louer, *imparfait et plus-que-parfait du subjonctif.* — Ils entendre, *présent et imparfait de l'indicatif.* — Nous désirer, *passé défini et passé indéfini de l'indicatif.* — Vous enfouir, *passé antérieur et plus-que-parfait de l'indicatif.* — Il concevoir, *futur simple et futur antérieur.* — Ils répondre, *présent et passé du conditionnel.* — Tu suspendre, *imparfait et plus-que-parfait du subjonctif.* — Nous ordonner, *présent et passé du conditionnel.*

VERBES PASSIFS.

(N° 122.)

Les élèves mettront les verbes suivants aux personnes et aux temps indiqués.

Je être loué, *présent et imparfait de l'indicatif.* — Nous être servi, *passé défini et passé indéfini.* — Tu être aperçu, *passé antérieur et plus-que-parfait de l'indicatif.* — Vous être lu, *futur simple et futur antérieur.* — Il être charmé, *présent et passé du conditionnel.* — Ils être chéri, *présent et imparfait du subjonctif.* — Elles être aimé, *parfait et plus-que-parfait du subjonctif.* — Etre attendu, *présent et passé de l'infinitif, participe présent et passé.* — Tu être admiré, *passé défini et passé indéfini.* — Nous être attendu, *présent et passé du conditionnel.* — Ils être imploré, *futur simple et futur antérieur.* — Je être entendu, *imparfait et plus-que-parfait du subjonctif.* — Nous être admiré, *présent et imparfait de l'indicatif.* — Vous être satisfait, *présent et passé du conditionnel.* — Il être aimé, *futur simple et futur antérieur.*

VERBES NEUTRES.

(N° 123.)

Les élèves mettront les verbes suivants aux personnes et aux temps indiqués.

Nous régner, *présent et imparfait de l'indicatif.* — Je dormir, *parfait et plus-que-parfait du subjonctif.* — Vous tomber, *passé défini et passé indéfini.* — Ils marcher, *passé antérieur et plus-que-parfait de l'indicatif.* — Je monter, *futur simple et futur antérieur.* — Ils languir, *présent et passé du conditionnel.* — Tu sortir, *présent et imparfait du subjonctif.* — Elles descendre, *passé défini et passé indéfini.* — Il régner, *futur simple et futur antérieur.* — Je tomber, *présent et imparfait du subjonctif.* — Vous monter, *présent et imparfait de l'indicatif.* — Elle languir, *parfait et plus-que-parfait du subjonctif.* — Nous rester, *présent et imparfait de l'indicatif.* — Ils revenir, *futur simple et futur antérieur.* — Vous devenir, *passé défini et passé indéfini de l'indicatif.* — Tu parvenir, *passé antérieur et plus-que-parfait de l'indicatif.*

VERBES PRONOMINAUX.

(N° 124.)

Les élèves mettront les verbes suivants aux personnes et aux temps indiqués.

Ils se repentir, *présent et imparfait de l'indicatif.* — Nous se réjouir, *passé défini et passé indéfini.* — Je se blesser, *passé antérieur et plus-que-parfait de l'indicatif.* — Ils s'emparer, *futur simple et futur antérieur de l'indicatif.* — Il se coucher, *présent et passé du conditionnel.* — Vous se plaindre, *présent et imparfait du subjonctif.* — Tu se moquer, *parfait et plus-que-parfait du subjonctif.* — Elles se contredire, *futur simple et futur antérieur.* — Vous le faire, *passé défini et passé indéfini.* — Nous s'emparer, *imparfait et plus-que-parfait du subjonctif.* — Ils se baigner, *présent et imparfait de l'indicatif.* — Il se moucher, *présent et passé du conditionnel.* — Nous se promener, *parfait et plus-que-parfait du subjonctif.* — Elles se montrer, *futur simple et futur antérieur.* — Il se plaire, *présent et passé du conditionnel.*

VERBES UNIPERSONNELS.

(N° 125.)

Les élèves mettront les verbes suivants aux temps indiqués. Ces verbes n'ont que la troisième personne du singulier.

Pleuvoir, *présent et imparfait du subjonctif.* — **Résulter,** *futur simple et futur antérieur.* — **Neiger,** *passé défini et passé indéfini.* — **Falloir,** *passé antérieur et plus-que-parfait de l'indicatif.* — **Tonner,** *présent et imparfait de l'indicatif.* — **Falloir,** *passé défini et passé indéfini.* — **Pleuvoir,** *passé antérieur et plus-que-parfait de l'indicatif.* — **Neiger,** *présent et imparfait de l'indicatif.* — **Résulter,** *futur simple et futur antérieur.* — **Tonner,** *présent et passé du conditionnel.* — **Falloir,** *parfait et imparfait du subjonctif.* — **Pleuvoir,** *futur simple et futur antérieur.* — **Neiger,** *imparfait et passé indéfini de l'indicatif.* — **Résulter,** *passé indéfini et passé antérieur de l'indicatif.* — **Falloir,** *futur simple et futur antérieur.*

ACCORD DU VERBE AVEC SON SUJET.

(N°s 117-119.)

I.

Les élèves feront accorder le verbe avec son sujet dans les phrases suivantes.

Je *parles*. — Tu *joue*. — Il *aimes*. — Elles *travaille*. — Ils *lit*. — L'oiseau *chantent*. — Les oiseaux *chante*. — Les lois *ordonne*. — Les hirondelles *vole*. — Le daim *courent* rapidement. — Ces ministres *veut* le bien public. — Ils *parle*. — Tu *chante*. — Ils *donne* de bons conseils. — Ces hommes *néglige* leurs intérêts. — Ils *adressait* leurs prières à Dieu. — Tu *donne* l'aumône aux pauvres. — Les perdrix *court* dans les blés. — L'écureuil *habitent* sur les arbres. — Ces bienfaits nous *inspire* de la reconnaissance. — Les travaux de la moisson *commence*. — Ces chevaux *marche* vite. — La religion *élèvent* l'âme. — Ils *prie*. — Tu *travaille*. — Les soldats *combat* courageusement. — Les lois *ordonne* la soumission. — Ils se *promène*. — Elles *arrive*. — Tu *admire*.

II.

Les élèves feront accorder le verbe avec les sujets dans les phrases suivantes.

Mon père et ma mère m'*aime* tendrement. — Patience et succès *marche* toujours ensemble. — La jeunesse et l'inexpérience nous *expose* à bien des fautes, à bien des peines. — La justice et la vérité *règne* dans tous ses discours. — Leur haine et leur méchanceté *n'excite* que le mépris. — Le ciel et la terre *annonce* la gloire de Dieu. — La peste et la guerre *a ravagé* cette contrée. — Le talent et la modestie *attire* l'estime et le respect. — Le génie et la vertu *excite* souvent la haine et l'envie. — L'éléphant et le castor *aime* la société de leurs semblables. — Lui et elle *viendra* avec moi. — Vous, votre père et moi *sont partis*. — Bossuet et Fénelon *a composé* des ouvrages immortels. — Le ciel et l'enfer *prouve* la bonté et la justice de Dieu. — Alexandre et César *avait* du courage et de la grandeur d'âme. — Mon frère et ma sœur *viendra* me voir bientôt. — Ces deux poëtes *a montré* un génie et une imagination admirables.

EXERCICES SUR LES PARTICIPES.

PARTICIPE PRÉSENT.

(Nᵒˢ 132-134.)

Les élèves distingueront, dans les phrases suivantes, es participes présents et les adjectifs verbaux.

Les hirondelles volant sur le lac. — Des poissons volants. — Les généraux changeant leurs dispositions. — Des couleurs changeantes. — Les lois obligeant tous les citoyens. — Des hommes obligeants. — Des peuples vivant dans la mollesse. — Des images vivantes. — Les ennemis environnant la ville. — Les campagnes environnantes. — Ils sont tombés en courant. — Les chiens courants. — Ceux-ci menaçant les autres. — Des paroles menaçantes. — Les eaux courant vers la mer vont s'y perdre. — Le parc renferme de belles eaux courantes. — Cet avis tranchant les difficultés. — Des instruments tranchants. — La religion consolant le malheur. — C'est une idée consolante. — Les apôtres prêchant l'Evangile.

PARTICIPE PASSÉ.

(Nos 135-141.)

I.

Les élèves feront accorder en genre et en nombre les participes passés dans les phrases suivantes.

Mensonges *méprisé*. — Livres *lu*. — Contrées *visité*. — Remparts *détruit*. — Villes *forcée*. — Fleurs *flétrie*. — Faim *rassasié*. — Afflictions *consolé*. — Arbres *planté*. — Terrains *cultivé*. — Prières *exaucé*. — Vainqueurs *récompensé*. — Sciences *protégé*. — Lettres *écrit*. — Moisson *fini*. — Flots *soulevé*. — Demandes *accordé*. — Monuments *achevé*. — Déserts *traversé*. — Nations *civilisé*. — Ouvrages *revu* et *corrigé*. — Animaux *apprivoisé*. — Leçon *étudié*. — Devoirs *rempli*. — Livres *relié*. — Récompenses *promis*. — Loi *aboli*. — Remèdes *employé*. — Honneurs *reçu*. — Fortunes *renversé*. — Conseils *donné*. — Enfants *puni*. — Espérances *trompé*. — Fleurs *épanoui*. — Maison *bâti*. — Chaumière *incendié*. — Noms *emprunté*. — Devoirs *négligé*. — Fruits *cueilli*.

II.

Les élèves corrigeront les fautes des participes passés employés dans les temps des verbes actifs.

Dieu nous a *protégé.* — Les livres que j'avais *prêté.* — La lettre que vous avez *écrit.* — Quelle affaire avez-vous *entrepris?* — Vos parents vous ont *comblé* de bienfaits. — Vous avez *achetés* des livres utiles. — Je vous ai *rendus* de grands services. — Il a bien *étudiée* sa leçon. — Ils ont *prêchés* une morale divine. — Ils sont grands les services qu'il a *rendu* à son pays.— Ses exploits ont *portée* sa gloire jusqu'aux extrémités du monde. — On nous a *confiés* des affaires importantes : nous les avons *dirigé* avec zèle. — Ceux que vous avez *obligé* sont reconnaissants. — Que de maux n'a-t-elle pas *souffert!* — Ils abusent des grâces qu'ils ont *reçu.* — Elles ont *montrée* une grande résignation. — Toutes les dignités que tu m'as *demandé,* je te les ai *accordé.* — Il racontait tous les maux qu'il avait *souffert,* toutes les tempêtes qu'il avait *essuyé,* tous les triomphes qu'il avait *remporté.* — Je vous ai *donnés* des livres utiles, lisez-les. — Il a *fondée* cette ville.

III.

Les élèves corrigeront les fautes des participes passés employés dans les temps composés des verbes passifs.

Les sciences et les lettres ont été *protégé* par ce prince éclairé. — Ces enfants ont été *récompensé* comme ils le méritaient. — Les manœuvres de la dernière revue ont été fort bien *exécuté*. — Ces fruits ont été *cueilli* trop tôt. — La marine fut longtemps *négligé* en France. — Cette histoire nous a été *raconté* avec détail. — Ces lois n'ont pas été formellement *révoqué*. — Toutes les formalités ont été *rempli*. — Les hommes sages sont *estimé* : les hommes bienfaisants sont *aimé*. — Ces honneurs ont été *institué* pour récompenser le mérite. — Cette ville fut *fondé* par Didon. — La vertu timide est souvent *opprimé*. — La vertu obscure est souvent *méprisé*. — Ils ont été *effrayé* à l'approche de l'ennemi. — Cette bataille fut *perdu* en deux heures. — Il n'oublie pas les services qui lui ont été *rendu*. — La ville était *assiégé* depuis deux mois lorsqu'elle se rendit. — Toutes ces difficultés ont été *surmonté*.

IV.

Les élèves corrigeront les fautes des participes passés employés dans les temps composés des verbes neutres.

Ils sont *venu* à bout de leur entreprise. — Nous sommes *arrivé* à ce grand empire d'où sont *sorti* les plus grands royaumes du monde. — La justice et la modération de nos ennemis nous ont plus *nuis* que leur valeur. — La joie a *parue* dans ses yeux. — Ils sont *tombé* dans de grands embarras. — Vous seriez *arrivé* plus tôt sans les difficultés qui sont *survenu*. — Les deux ans qu'il a *régnés* ont été deux ans de bonheur pour ses peuples. — Les quatre heures qu'il a *dormies* ont réparé ses forces. — Nous sommes *sorti* de ce péril à force de patience et de courage. — Ces terres, trop remuées, sont *tombé* de toutes parts. — Les temps prédits par les prophètes étaient *arrivé* à leur terme. — Les trois lieues qu'il a *courues*. — Les années que ces ouvrages ont *durées*. — Je voudrais effacer de ma vie les jours que j'ai *vécus* sans vous servir. — Ils ne sont pas *arrivé* à la connaissance parfaite de cette sagesse.

V.

Les élèves corrigeront les fautes des participes passés dans les temps composés des verbes pronominaux et des verbes unipersonnels.

Ces hommes se sont *repenti*. — Ils se sont *aperçu* de leur erreur. — Elle s'est *servi* de son crédit. — Ma patrie et ma famille se sont *présenté* à mon esprit : ma tendresse s'est *réveillé*. — Cette ville s'était *révolté*. — Ils se sont *abstenu* de tout ce qui pouvait nuire à leur santé. — Elle s'est *enfui*. — Elles se sont *réjoui* de l'arrivée de leur mère. — Ils se sont *comporté* dans cette affaire en hommes de cœur. — Il est *arrivés* de grands malheurs. — Les froids qu'il a *faits* ont détruit la récolte. — Quels avantages est-il *résultés* de cette affaire? — La disette qu'il y a *eue* pendant l'hiver a été bien cruelle. — Il s'est *glissée* une faute dans cet ouvrage. — Cette mère s'est *proposé* pour modèle à ses enfants. — Nous nous sommes *réjoui* de ses succès. — L'Egypte s'était *rendu* célèbre par la sagesse de ses lois. — Il s'est *rassemblée* une grande foule de peuple. — Rappelez-vous la grande inondation qu'il y a *eue*, et les grandes chaleurs qu'il a *faites*.

EXERCICE SUR LES ADVERBES.

(N°s 142-144.)

Les élèves indiqueront les adverbes dans les phrases suivantes.

Il agit sagement. — Il vous a fidèlement servi. — Il est parti aujourd'hui, et il reviendra bientôt. — Vous écrivez bien, parlez peu, écoutez beaucoup. — Composez lentement vos ouvrages. — Travaillez d'abord, vous jouerez ensuite. — Prions Dieu aujourd'hui, et demain, et toujours. — Ils attaquèrent vivement l'ennemi. — Ne dites jamais de mensonge. — Il est plus savant que vous, mais il est moins modeste. — Vous travaillez peu. — Vous avez assez dormi. — Ce pays produit abondamment du blé et des fruits. — Restez sincèrement attaché à vos amis. — Il m'a prêté obligeamment aide et assistance. — Plus on lit Racine, plus on l'admire. — Ils seront toujours étroitement unis. — Il s'est conduit honnêtement et habilement — Attends patiemment l'occasion.

EXERCICE SUR LES PRÉPOSITIONS.

(N°s 145-147.)

Les élèves indiqueront les prépositions dans les phrases suivantes.

Il est dans le jardin. — Il a fait un voyage à Rome et à Naples. — Je vais chez mon père. — Il est arrivé après vous. — Vous avez agi malgré moi. — Il est arrivé après vous. — Je ne l'ai pas vu depuis plusieurs jours. — Soyez charitable envers les pauvres. — Plaider contre quelqu'un. — Il n'y a qu'un passage étroit et difficile entre ces deux montagnes. — On ne devient pas savant sans travail. — Ils se tournèrent vers lui. — Il faut se gouverner suivant le temps et lieu. — Cet événement s'est passé avant la naissance de Jésus-Christ. — Il est comblé de dignités, de gloire, de richesses. — Je me rendis à ses prières, à ses importunités. — Ils étaient riches en troupeaux, en esclaves. — Il s'est attiré l'estime de tout le monde par sa probité. — Remplissez vos devoirs envers Dieu, envers vos parents.

EXERCICE SUR LES CONJONCTIONS.

(Nᵒˢ 148-150.)

Les élèves indiqueront les conjonctions dans les phrases suivantes.

Dieu a créé le ciel et la terre. — Il est bon et sage. — Ni mes prières ni mes menaces n'ont pu l'émouvoir. — Il est riche, mais avare. — Vaincre ou mourir. — Je le ferai, si c'est possible. — Lui ou elle viendra avec moi. — Il a commis une faute, mais il s'en repent. — Il connaît ses devoirs et il les remplit avec zèle. — C'est un plaisir que d'obliger ses amis. — Soyez vertueux, si vous voulez être estimé. — Il est bon comme vous. — Il ne fallait ni le dire ni le faire. — Je le veux bien, puisque vous le voulez. — J'en jugerai lorsque j'en serai mieux informé. — Il ne faut être ni avare ni prodigue. — Quoiqu'il ne soit pas riche, il est généreux. — Quand on découvrirait votre démarche, on ne pourrait la blâmer. — Ils sont courageux et prudents.

EXERCICE SUR LES INTERJECTIONS.

(Nᵒˢ 151-153.)

Les élèves indiqueront les interjections dans les phrases suivantes.

Ah! quelle joie! — Ah! que cela est beau! — Oh! quelle chute! — Oh! quel admirable spectacle! — Ah! vous me faites mal! — Oh! si nous pouvions réfléchir! — Eh! qui aurait pu croire cela! — Hélas! que je vous plains! — Hélas! que deviendrons-nous? — Fi! que cela est mal! — Allons, courage! — Dieu, que cela est beau! — Chut! taisez-vous. — Holà! qui vient ici? — Eh! paix donc! — Ah! que je suis aise de vous voir! — Eh bien! avez-vous réussi dans cette entreprise? — Ah! vous arrivez enfin. — Oh! combien j'aimerais à le voir! — Ah! gardez-vous de le croire. — Allons, courage! vous réussirez. — Ah! que je suis heureux de revoir un ami. — Oh! que ne puis-je vous témoigner toute ma reconnaissance! — Ah! que les charmes de la vertu sont puissants!

EXERCICES GÉNÉRAUX.

I.

Les élèves distingueront chaque espèce de mots dans les phrases suivantes.

Dieu a créé le monde en six jours. — La prière est une élévation de notre âme vers le créateur de toutes choses. — Homère et Virgile sont les les plus grands poëtes de l'antiquité : l'un naquit en Grèce, l'autre en Italie. — Ecoutez toujours les conseils de vos parents et de vos maîtres. — La crainte de Dieu est le commencement de la sagesse. — Autrefois, dans les jeux publics, on décernait de simples couronnes aux vainqueurs.— Ah ! si vous aviez eu un peu d'ardeur pour le travail, vous auriez fait des progrès bien rapides. — Malgré les sages avis qui vous ont été donnés, vous vous êtes engagé imprudemment dans cette mauvaise affaire. — Puissent les grands de la terre être sensibles à une gloire aussi douce que celle de faire du bien aux hommes !

II.

(Même exercice)

La politesse, la complaisance, la docilité sont des qualités très-estimables. — Nous devons secourir nos semblables dans leurs maux et dans leurs dangers. — Heureux ceux qui souffrent persécution pour la justice, parce que le royaume des cieux leur appartient. — Démosthène et Cicéron sont les deux plus grands orateurs de l'antiquité. — La prospérité, comme le malheur, éprouve le caractère de l'homme. — Ah! quel bonheur d'embrasser un père et une mère après une si longue absence. — L'Afrique renferme les plus grands déserts du globe. — Le travail est une nécessité pour tous les hommes. — Mettons tous nos soins à mener une vie sage et bien réglée, car Dieu nous récompensera selon nos œuvres.

FIN DES EXERCICES.

9 782019 192044